Capitalismo Consciente

Como criar o sucesso do futuro
inspirando-se na sabedoria do passado

Capitalismo Consciente

Como criar o sucesso do futuro
inspirando-se na sabedoria do passado

Capitalismo Consciente

Como criar o sucesso do futuro inspirando-se na sabedoria do passado

David A. Schwerin

Tradução
MIRTES FRANGE DE OLIVEIRA PINHEIRO

EDITORA CULTRIX
São Paulo

Título do original: *Conscious Capitalism — Principles for Prosperity*

Copyright © 1998 Butterworth-Heinemann.

Publicado originalmente por Butterworth-Heinemann, uma divisão da Reed Educational & Professional Publishing Ltd.

Todos os direitos reservados. Nenhuma parte deste livro pode ser reproduzida ou usada de qualquer forma ou por qualquer meio, eletrônico ou mecânico, inclusive fotocópias, gravações ou sistema de armazenamento em banco de dados, sem permissão por escrito, exceto nos casos de trechos curtos citados em resenhas críticas ou artigos de revistas.

O primeiro número à esquerda indica a edição, ou reedição desta obra. A primeira dezena à direita
indica o ano em que esta edição, ou reedição, foi publicada.

Edição	Ano
1-2-3-4-5-6-7-8-9-10	00-01-02-03-04-05

Direitos de tradução para a língua portuguesa
adquiridos com exclusividade pela
EDITORA CULTRIX LTDA.
Rua Dr. Mário Vicente, 374 — 04270-000 — São Paulo, SP
Fone: 272-1399 — Fax: 272-4770
E-mail: pensamento@cultrix.com.br
http://www.pensamento-cultrix.com.br
que se reserva a propriedade literária desta tradução.

Impresso em nossas oficinas gráficas.

Dedico este livro a minha esposa, Joan, por seu generoso apoio a este projeto e a todos os meus esforços. Ninguém poderia desejar uma companheira mais talentosa, devotada e adorável.

Sumário

Prefácio   9

Agradecimentos   11

1. A Autodescoberta no Trabalho   13

2. Sabedoria Antiga — Nova Compreensão   25

3. A Origem da Competição   43

4. O Caminho para a Cooperação   59

5. A Aurora da Concriação   73

6. Uma Organização Viva   93

7. Como Lucrar com a Inclusão   115

8. Equilíbrio no Novo Milênio   135

9. A História de Duas Empresas   157

Bibliografia   183

Prefácio

Quando conheci Hermes — Hermes Trismegisto ou Hermes Três Vezes Grande —, ele suscitou em mim mais perguntas do que respostas. Essa figura lendária me revelou, como há séculos tem revelado a todos os que procuram a verdade, que a busca introspectiva da alma, quando empreendida por tempo suficiente, leva a grandes intuições. Depois de mais de uma década de estudos, vejo agora como este corpo de conhecimentos não-sectário e com base científica se aplica às empresas modernas.

Por mais de trinta anos vivi os altos e baixos do turbulento mundo dos negócios. Minha carreira na área de investimentos e finanças, junto com outros interesses, deu-me a oportunidade de observar pessoas de todas as posições sociais — executivos poderosos, prisioneiros insensíveis, fugitivos cambojanos sem um tostão sequer e banqueiros influentes. À frente de um pequeno negócio, tenho sentido todas as pressões ligadas à formação e retenção de clientela, às dificuldades de supervisionar funcionários de personalidades diferentes, aos aborrecimentos de negociar com fornecedores mesquinhos e às frustrações de ter de lidar com normas de regulamentação contraproducentes. Tenho convivido com os traumas emocionais de pessoas que enviuvaram ou se separaram recentemente e tive de aprender a lidar com pessoas extremamente ricas, algumas delas um pouco pretensiosas, a maioria agradabilíssima. Meu trabalho e minha busca espiritual têm sido de grande valia para a minha compreensão lenta e gradual do enigma cósmico. Por que estamos aqui? O que deveríamos estar fazendo?

10 ◆ *Capitalismo Consciente*

Este livro descreve como uma carreira no mundo dos negócios me ajudou a me aproximar dessa busca incessante de autoconhecimento. Ele nasceu do meu desejo ardente de reunir aquilo que tem ocupado a maior parte do meu tempo nas últimas três décadas: meu trabalho e meu interesse em compreender os segredos do universo. Ainda que esta possa parecer uma busca esotérica e pretensiosa, os capítulos se baseiam em questões da "vida real", encaradas regularmente por empresas de todo o mundo. À medida que mergulharmos juntos na antiga sabedoria, no dinheiro e no comércio, nos fatos científicos e na filosofia metafísica, chaves mágicas poderão apontar soluções para os problemas que o estão incomodando e abrir caminho para aplicações bastante práticas.

Ao longo dos anos, Hermes me proporcionou inúmeros lampejos intuitivos; mas, seja qual for o assunto, ele sempre ressalta o seguinte ponto:

> O Conhecimento, a não ser que seja manifestado e expresso por meio da Ação, é como o acúmulo de metais preciosos — algo vão e tolo. O Conhecimento, assim como a Riqueza, existe para ser usado.[1]

Eu o convido a descobrir comigo as pérolas contidas nos ensinamentos de Hermes e depois, sem dúvida alguma, a colocá-los em prática.

Nota

1. Três Iniciados, *The Kybalion* (Chicago: The Yogi Publication Society, 1912), p. 213. [*O Caibalion*, publicado pela Editora Pensamento, São Paulo, 1978.]

Agradecimentos

Ao escrever este livro, descobri pelo menos uma ligação sutil entre Hermes e eu. Assim como Hermes era considerado três vezes grande, eu me considero três vezes abençoado por ter uma família adorável, amigos maravilhosos e orientação inspiradora. Embora seja impossível citar todas as pessoas, quero agradecer a todos aqueles que desempenharam um papel importante em *Capitalismo Consciente*, desde sua concepção até sua conclusão.

Minha mãe sempre foi uma fonte de apoio e carinho. Agradeço a ela por seu amor e preocupação constantes. Meu filho Eric traz uma alegria indescritível à minha vida e enche o meu coração de amor. Ele é uma fonte indispensável de sabedoria e compreensão, a quem recorri várias vezes. Minha irmã, minha sogra e minha cunhada desempenham um papel inestimável na minha vida, ajudando-me a me conhecer melhor. A natureza carinhosa dessas três mulheres tem sido um modelo a seguir.

A dra. Barbara Good é uma verdadeira amiga, sempre capaz de encontrar o equilíbrio exato entre o encorajamento entusiasmado e a crítica construtiva. Seus esforços e aptidões tiveram um papel importantíssimo no desenvolvimento deste livro. A dra. Pat Fenske é uma esplêndida mentora e professora, sempre pronta a colaborar. Agradeço sinceramente a Arnie e Rebecca Shapiro por seus sábios conselhos e sua eterna disposição para ajudar. Todo mundo precisa de amigos como eles. Chris Largent e Denise Breton sempre me deram conselhos e estímulos

12 ♦ *Capitalismo Consciente*

valiosos. Elas são uma fonte de conhecimento e lhes sou muito grato. Meu amigo de longa data, Bruce Topman, me ajudou de diversas formas. Admiro imensamente a maneira conscienciosa, disciplinada e habilidosa com que ele aborda todas as suas empreitadas. Bob Bobrow tornou muito mais fácil para mim a tarefa de escrever este livro e ganhar a vida ao mesmo tempo. Sempre posso contar com ele.

A dra. Donna Evans Strauss desempenhou um papel indispensável neste livro em todos os aspectos. Considero sua inspiração e orientação dádivas celestiais às quais sou eternamente grato. Os construtores dos ensinamentos e lições dos antigos santuários sagrados são um repositório fenomenal da antiga sabedoria, sem a qual eu não poderia ter escrito este livro. Sou grato àqueles que mantêm vivo este conhecimento. Meu pai e meu irmão, assim como outros que pertencem ao mundo invisível do espírito, me ajudaram mais do que posso imaginar. Vocês estão sempre presentes quando preciso de ajuda e espero que estejam colhendo em dobro por tudo o que fizeram. Finalmente, meus agradecimentos sinceros a Hermes por sua constante inspiração e seus lampejos intuitivos. Algumas vidas a mais e talvez eu seja capaz de compreender plenamente os tesouros maravilhosos que você legou à humanidade.

• 1 •

A Autodescoberta no Trabalho

Atualmente estamos numa situação paradoxal. Desfrutamos de todas as conquistas da civilização moderna que facilitaram sobremaneira nossa existência física na terra. No entanto, não sabemos exatamente o que fazer com nós mesmos, para onde nos voltarmos... Parece que não existem forças integradoras, significado unificado ou até mesmo uma verdadeira compreensão interior dos fenômenos na nossa experiência de mundo... O abismo entre o racional e o espiritual, o exterior e o interior, o objetivo e o subjetivo, a técnica e a moral, o universal e o singular está se tornando cada vez mais profundo.

— VACLAV HAVEL, presidente da República Tcheca[1]

Minha carreira foi muito bem-sucedida, meus três filhos "decolaram" e começaram suas vidas, e estou satisfeito com o meu casamento. No entanto, sinto-me infeliz e parece que falta alguma coisa. Para ser honesto, tenho vergonha de admitir esses sentimentos, pois acho que eu não deveria tê-los.

... Anônimo de 55 anos[2]

Durante a última década, enquanto muitas empresas procuravam conduzir seus negócios normalmente, participei de um movimento empresarial diferente e mais modesto — um movimento que tentava resgatar o idealismo... A nova responsabilidade das empresas é complexa e está mudando nossas noções básicas sobre motivação e objetivos empresariais. Isso choca muitas pessoas que acham que levar em consideração qualquer outro aspecto que não seja o lucro financeiro é uma idéia radical. ... Nós, enquanto líderes empresariais, podemos e temos de mudar nossa visão e nossos valores.

... ANITA RODDICK, presidente do The Body Shop International plc[3]

14 ♦ *Capitalismo Consciente*

Essas três citações — de um filósofo/estadista, de um cidadão introspectivo dos Estados Unidos e de uma executiva inglesa que dita as tendências — representam o pensamento e o sentimento de grande parte da humanidade. Os autores, de três países diferentes, chegaram a um ponto de suas vidas em que deveriam ser capazes de analisar suas experiências com uma boa dose de percepção e objetividade. Seus sentimentos são o reflexo de dois amplos movimentos que seguem cursos paralelos e aparentemente não têm relação entre si. Cada um desses movimentos parece destinado a deixar uma marca indelével na sociedade em geral. O primeiro abrange aquelas pessoas que estão sinceramente empenhadas na busca de um significado maior para suas vidas. Existem claros indícios de que isso engloba uma parte cada vez maior da população. Segundo um artigo escrito pelo pesquisador de opinião pública George Gallup: "As evidências mostram que os americanos estão começando a quebrar suas correntes seculares, que estamos na verdade num período de renovação espiritual."[4] A segunda transformação está se dando no mundo dos negócios, sobretudo entre as empresas que estão fazendo uma revisão minuciosa das suas prioridades, dos seus objetivos e valores. Aparentemente, esses dois movimentos não têm ligação. Porém, como mostraremos nos capítulos seguintes, essas tendências estão bastante inter-relacionadas e tendem a se reforçar mutuamente.

A necessidade de encontrar um significado maior é patente em toda a cultura popular. Uma olhada na lista dos livros de não-ficção mais vendidos revela o interesse crescente por livros sobre espiritualidade e assuntos do gênero. Desde "tudo o que você sempre quis saber sobre anjos" até uma grande variedade de livros sobre o pensamento *new age*, a maioria das livrarias está reservando um espaço cada vez maior para estes assuntos. A Barnes & Noble e a Borders, as duas maiores redes de livraria dos Estados Unidos, agora oferecem demonstrações de ioga, leitura de tarô, palestras sobre técnicas de massagens, sessões durante todo o dia de sinergia holística e reflexologia e a presença de hipnoterapeutas.[5] Os filmes freqüentemente abordam temas como vidas passadas e experiências de pessoas que estiveram à beira da morte. A rede de TV americana PBS descobriu que convidados como John Bradshaw (psicologia humanista), Huston Smith (religiões de todo o mundo) e Joseph Campbell (mitologia) atraem públicos entusiasmados. Vários programas de Bill Moyers na PBS têm tratado de temas arcanos que até há bem pouco tempo não faziam parte do idioma. Segundo pesquisa recente, 48 por cento dos americanos acham que a astrologia provavelmente ou certa-

A Autodescoberta no Trabalho ♦ **15**

mente é válida. Estima-se que haja atualmente cerca de 5.000 astrólogos profissionais nos Estados Unidos contra 1.000 há apenas vinte anos e o mercado anual de livros sobre astrologia quadruplicou nas últimas três décadas.[6] De acordo com essa breve pesquisa da cultura popular, parece que muitas pessoas estão dispostas e, na verdade, ansiosas para explorar novas maneiras de encarar o mundo e o lugar que elas ocupam nele. Essas pessoas estão realmente ávidas para conhecer a si próprias, a fim de poderem compreender os antigos mistérios sintetizados nas perguntas: "Quem sou eu?", "De onde vim?" e "Para onde estou indo?". Em outras palavras, "O que é a vida?"

A mesma insatisfação e frustração angustiantes e, muitas vezes, a insegurança que têm levado as pessoas a buscar respostas mais profundas em suas vidas pessoais, estimularam os líderes empresariais a procurar maneiras mais produtivas e satisfatórias de estruturar suas organizações. Em alguns casos, a própria sobrevivência serviu como motivação; em outros, líderes progressistas compreendem que é necessário a realização de mudanças significativas para que tanto suas empresas como as comunidades das quais eles dependem possam prosperar. Com o ritmo alucinante de mudanças tecnológicas e a intensa competição gerada pela globalização dos mercados, as empresas se sentem pressionadas a fazer um redimensionamento e diminuir o quadro de funcionários, a terceirizar e repensar a otimização de seus recursos e de seus relacionamentos. Normas ambientais complexas, uma força de trabalho mais diversificada e mais sensível à família e um consumidor ecologicamente vigilante ajudam a fazer pressão para que as práticas das empresas sejam revistas. Analisadas de perto, muitas das velhas maneiras de pensar e de se comportar são ineficazes na solução dos problemas atuais. É preciso uma visão mais abrangente e um novo estilo de liderança. A visão mais abrangente exige uma perspectiva mais a longo prazo e o estilo de liderança precisa ser baseado mais no coração e na alma de um líder do que na sua conduta ou na autoridade. A ênfase está mudando do enfoque às questões monetárias e físicas para o elemento humano. Em nosso mundo atribulado, o sucesso de um empreendimento depende agora da colaboração e contribuição ativas de empregados criativos, bem-treinados, motivados e dedicados.

Inúmeras pesquisas ressaltam um sentimento disseminado de confusão e descontentamento no seio da sociedade, tanto no âmbito familiar quanto no profissional. Simplesmente não existe uma ligação suficiente entre nossas atividades diárias e nossos objetivos. Embora este

16 ♦ *Capitalismo Consciente*

não seja um fenômeno novo, sentimentos constantes de consternação e insatisfação estão se tornando intoleráveis para um número cada vez maior de pessoas. De acordo com um artigo da revista *Business Week* intitulado "Pode a espiritualidade influenciar os resultados financeiros?", os funcionários que sobreviveram à redução do quadro da empresa e à reengenharia estão se perguntando "O que está acontecendo?" e "Por que me sinto tão insatisfeito?". O artigo responde: "Um número crescente de empresas está empreendendo jornadas espirituais... o movimento de espiritualidade na empresa é uma tentativa de criar um sentimento de significado e propósito no trabalho e uma ligação entre a empresa e os funcionários." Os autores discutem o fato de a AT&T encaminhar centenas de gerentes de nível médio para Consultoria Transpectiva Empresarial, onde durante um curso exaustivo de três dias os participantes aprendem a ser líderes mais eficientes, por meio da introspecção. A Boeing, uma gigante da indústria aeroespacial, contratou o poeta David Whyte para falar para quinhentos gerentes de nível superior três dias por mês a fim de ajudar a trazer à tona a experiência e a emoção da mudança. Whyte diz: "Todas as empresas conscientes estão percebendo que precisam de trabalhadores mais criativos, energéticos e adaptáveis. Toda esta criatividade, vitalidade e adaptabilidade está na alma." Um executivo sênior que a princípio se mostrava cético, agora admite que Whyte "nos ajudou a pensar de uma forma totalmente diferente. Tivemos de olhar para dentro de nós mesmos".[7]

Alguns críticos acreditam que misturar os interesses espirituais com os negócios é como juntar óleo e água; eles não se misturam. Um se preocupa com questões pragmáticas e outro com assuntos efêmeros. Sir John Templeton, pioneiro na área de investimentos e reconhecido internacionalmente, refuta enfaticamente esta idéia: "Acho que todas as carreiras são mais bem-sucedidas e satisfatórias quando se usam os princípios espirituais. Não consigo imaginar uma única exceção."[8] Mahatma Gandhi, um dos líderes mais notáveis e inspirados do século XX, concorda com a afirmação de Templeton:

> Se qualquer um dos meus atos espirituais se mostrar impraticável, ele tem de ser considerado um fracasso. Acredito realmente que o ato mais espiritual é também o mais prático, na verdadeira acepção da palavra.[9]

Este livro sustenta que uma inversão completa de antigos valores e crenças é um pré-requisito para se alcançar a paz e a satisfação que cidadãos do mundo todo buscam com tanto empenho. As precondições para esta inversão já existem. Na verdade, a base para este "novo" mundo sempre esteve conosco; ela é parte integral da "sabedoria eterna". Sabedoria eterna é uma das várias designações dadas a um certo corpo de conhecimentos que não é afetado pela passagem do tempo, tampouco é produto do pensamento humano. Este mesmo conhecimento — que tem origem nas profundezas inalteráveis do universo — foi chamado de "verdade esquecida" por Huston Smith[10] e de "filosofia perene" por Aldous Huxley. Segundo Huxley, esta sabedoria pode ser encontrada na cultura tradicional dos povos aborígines em todas as regiões do mundo e, na sua forma mais desenvolvida, tem um lugar nos ensinamentos das tradições mais sagradas.[11] O escritor John White reforça essa visão:

> A sabedoria perene é imutável; a verdade é uma só. Essa opinião é compartilhada pelos sábios das principais religiões e tradições sagradas, por todas as filosofias herméticas, pelas verdadeiras escolas de mistérios e pelos caminhos ocultos mais elevados.[12]

Uma das sistematizações mais antigas da sabedoria eterna é atribuída ao amplamente reverenciado Hermes. Embora os detalhes de sua vida tenham se perdido na História, dizem que ele viveu no Egito e foi contemporâneo de Abraão. Deificado com o nome de Tot no Egito, apareceu no panteão grego como Hermes e, mais tarde, na tradição romana, como Mercúrio. A importância de Hermes era tal que ele foi considerado um mensageiro dos deuses. Entre os homens ele se tornou o patrono dos comerciantes e o deus da eloqüência, da sorte e da prudência.[13] Com esses atributos, Hermes seria certamente um conselheiro valiosíssimo para o Conselho de Administração de qualquer empresa.

A sabedoria eterna, em todas as suas variações, é a essência da experiência de muitos exploradores da alma ao longo de milhares de anos. O que eles descobriram é que Deus é um, pleno e indiviso, que abarca e penetra em tudo o que há. Um dos princípios centrais da filosofia perene é que todos os seres humanos podem se tornar cientes dessa totalidade eterna e infinita. Na verdade, os sábios nos dizem que esse é o desejo de todos os homens e sua maior necessidade.[14] Como está declarado enfaticamente na famosa Tábua de Esmeralda de Hermes: "O que está em cima é como o que está embaixo, e o que está embaixo é como o que está em cima." Dizem que a conhecida Estrela de Davi de seis pontas, composta por dois triângulos eqüiláteros que se sobrepõem, um apontado para cima e outro para baixo, simboliza essa afirmação profunda. Dito de outra forma, tudo tem a mesma essência; os seres humanos devem

18 ◆ *Capitalismo Consciente*

se lembrar de suas origens divinas e reorganizarem suas vidas para que o que está embaixo mais uma vez espelhe o que está em cima.

QUEM CONHECE UM CONHECE TODOS

Este feito aparentemente hercúleo é facilitado quando nos tornamos mais conscientes de quem somos enquanto desempenhamos nossas atividades diárias em casa e no trabalho. Quando nos conhecemos melhor mudamos radicalmente nossa maneira de pensar em relação aos nossos relacionamentos pessoais e sociais, a nossa maneira de interagir com o meio ambiente e, finalmente, o grau de intimidade que estabelecemos com Deus. Um ditado tradicional islâmico expõe essa idéia de forma bastante sucinta: "Aprenda a conhecer a si mesmo. Aquele que conhece a si mesmo, conhece o Senhor."[15] O *Tao Te Ching*, escrito por Lao Tzu e mais traduzido do que qualquer outro livro, com exceção da Bíblia, afirma:

> Conhecer os outros é inteligência; conhecer a si próprio é a verdadeira sabedoria. Dominar os outros é sinal de força; dominar a si próprio é o verdadeiro poder.[16]

E usando uma terminologia um tanto diferente, Jesus disse:

> Quando vocês conhecerem a si próprios saberão e compreenderão que são filhos do Deus vivo. Mas se vocês não conhecerem a si próprios, viverão na pobreza e incorporarão a pobreza.[17]

Não existe um ambiente melhor para aprender sobre nós mesmos do que aquele onde ganhamos a vida; ele está sempre oferecendo oportunidades para que possamos observar o que nos motiva, o que nos assusta, o que nos enfurece e o que nos estimula. Tive a felicidade de administrar durante quatro décadas o dinheiro de outras pessoas. Embora nem todas as experiências tenham sido agradáveis ou proveitosas, elas foram extremamente úteis para esclarecer vários assuntos importantes sobre as questões mais fundamentais da vida. Os mercados de ações representam as esperanças e temores, os amores e ódios de grande parte da humanidade; eles evocam toda a gama de reações psicológicas. Por meio da busca de objetivos mundanos — com o dinheiro sendo o principal facilitador — vivenciamos emoções que vão do júbilo à depressão. Na verdade, tudo o que pensamos ou fazemos nos faz oscilar em torno de uma tendência central. Nesse sentido, os mercados de ações são uma metáfora para a vida na medida em que os preços passam de superavaliados para subavaliados e os níveis de otimismo e pessimismo sobem e descem.

Uma das melhores maneiras de se alcançar grandes lampejos intuitivos é seguir um programa rigoroso de introspecção. Isso significa simplesmente prestar bastante atenção a tudo; ter a mente aberta, ser curioso e desprendido. Em outras palavras, comprometer-se a observar e se lembrar de tudo o que acontece independente de crenças, preferências e temores pessoais. Isso é difícil e requer bastante prática. Como os negócios na área de investimentos oferecem um retorno instantâneo sobre os julgamentos que têm de ser feitos constantemente, os consultores que analisam suas emoções e agem com cautela e objetividade têm muito mais chances de reduzir futuros erros. Ainda que outras profissões também ofereçam oportunidades para erros, é pouco provável que o retorno seja tão imediato ou tão freqüente quanto no ambiente de aquário da área de investimentos. Citando Edward C. Johnson II, um dos decanos da Wall Street que dirigiu durante muito tempo o Complexo de Fundos Mútuos da Fidelity:

> Como a mente humana consciente e subconsciente é tão vasta — o mercado de ações, a propósito, é apenas um punhado de mentes — não há ciência, máquina da IBM ou qualquer outra coisa do gênero que possa domá-la. O que isso significa para nós em termos práticos é que, se formos capazes de fazer aquilo que os americanos consideram dificílimo — isto é, *compreender a nós mesmos* (com a devida ênfase) até certo ponto — teremos uma chance de nos tornar operadores eficientes do mercado de ações. Isso é algo difícil e raro.[18]

Lidar com dinheiro força a pessoa a lutar com aspectos do seu eu que com freqüência são evitados. Na arena de investimentos, isso significa examinar minuciosamente as limitações financeiras e psicológicas, reais e imaginárias. Será que preferimos comer bem ou dormir bem? Essa não é uma decisão fácil; as emoções de cobiça e medo ofuscam a percepção e a objetividade de muitos investidores. Muitas vezes os clientes vêm ao nosso escritório com o desejo expresso de minimizar o risco. Depois de algum tempo, durante o qual o clima dos investimentos esteve extraordinariamente favorável, eles especulam sobre a conveniência de mudarem seus objetivos para que o dinheiro seja investido de forma mais agressiva. Presumindo que a situação econômica deles não mudou, desencorajamos qualquer mudança de planos, pois além de essa atitude ir

20 ◆ *Capitalismo Consciente*

contra seus desejos originais mais ponderados, na maioria das vezes essa não é a hora certa de assumir riscos maiores. A rigor, essa tem se mostrado uma excelente orientação para uma mudança iminente nos rumos do mercado. Os investidores, inevitavelmente, querem comprar ações na alta e vendê-las quando as ações não apresentaram um bom rendimento, ou seja, na baixa ou perto dela. É surpreendente como pessoas sensatas que procuram fazer a maioria de suas compras de bens e serviços em liquidações, queiram comprar ações pelo maior preço e evitem comprá-las quando estão com cotações menores do que seu valor intrínseco. Aqueles que conhecem a si próprios não precisam conhecer nada mais para conhecer tudo o mais.

SEGUINDO O REBANHO

Os investidores têm de aprender também a não se deixar levar pelo instinto de rebanho da mente coletiva. As pessoas tendem a seguir o comportamento dos amigos, quer seja na escolha de um médico, de um restaurante ou de um investimento. Se elas souberem que os amigos têm preferência por algo, mesmo que isso vá contra sua própria opinião, tendem a aderir a eles, convencidas de que a maioria sabe o que está fazendo. Esse comportamento típico dos lemingues* é compreensível; é preciso ter muita confiança em si mesmo para manter-se firme diante de uma avalanche de opiniões contrárias. Quando assumimos uma posição contrária à maioria normalmente somos bem-sucedidos, não apenas na área de investimentos mas também na maior parte das nossas atividades diárias. Em 1929, por exemplo, as ações haviam subido durante muitos anos mas a opinião quase unânime era de que elas iriam inevitavelmente subir ainda mais. O pânico financeiro de 1929 ilustra o princípio de que quando a opinião torna-se unilateral, ela normalmente está errada. Aconteceu a mesma coisa numa escala menor em 1980, quando "todos" estavam certos de que o preço dos imóveis só poderia subir. Afinal de contas, "ninguém está fazendo mais terras", e até onde as pessoas se lembravam os preços tinham estado em ascensão. No final, ficou comprovado que a multidão estava errada e a experiência foi, no mínimo, frustrante.

---

* Pequenos roedores das regiões árticas conhecidos por empreenderem migrações em massa periódicas que às vezes acabam em afogamento. (N. do T.)

PALIATIVO OU SOLUÇÃO DURADOURA

Onde estamos agora? Como é que a maioria vê a nossa situação atual? Como tem sido amplamente divulgado pela imprensa, os problemas da sociedade moderna — crime, poluição, educação, pobreza e segurança no emprego — parecem esmagadores, se não insolúveis. A corrupção e a incompetência política fazem a situação parecer ainda mais desesperadora. Por maiores que nossos problemas pareçam, eles não são novos nem na sua magnitude nem no seu caráter. Os períodos de adversidade do passado forneceram um terreno fértil para que as sementes da renovação fossem plantadas; hoje não é diferente. Debaixo da superfície há uma conscientização crescente dos nossos problemas e um desejo cada vez maior de prosseguir com o que se está fazendo no momento. Assim que a massa crítica for atingida — o efeito do centésimo macaco no galho — nossos problemas intransponíveis serão atacados e, com o tempo, parecerão mais um desafio estimulante do que uma crise aterrorizante.

À medida que entramos no século XXI, os sinais de renovação aparecem em todos os setores da sociedade e as empresas estão começando a tomar a dianteira. As estratégias de reestruturação, redução do quadro de funcionários e terceirização que predominam neste momento forçam as empresas a repensarem seus objetivos e se tornarem mais seletivas quanto aos valores e prioridades que querem buscar. Algumas vezes este novo espírito vem de iniciativas da diretoria e outras vezes emana dos empregados de nível mais baixo. Dou palestras freqüentemente para executivos de empresas e leio centenas de relatórios anuais e outras comunicações internas, e ficou claro para mim que está havendo uma transformação. Trechos retirados de três relatórios diferentes demonstram essa nova atitude:

> A diversidade é muito mais do que um programa ou uma exigência legal na HP; é uma prioridade... Uma cultura que estimula o respeito pelas pessoas e a valorização das suas diferenças certamente ajuda o trabalho de grupo, a produtividade e o estado de espírito.
>
> ... HEWLETT-PACKARD CORPORATION, *Relatório Anual*

Continuamos a exigir de nós mesmos o maior comprometimento possível com uma excelência ambiental em nossas operações em todo o mundo. O compromisso inabalável é uma necessidade absoluta à medida que nos esforçamos para atender às expectativas da sociedade, alcançar nossos objetivos nos negócios e viver de acordo com nossos antigos valores de qualidade ambiental e de boa cidadania empresarial.

... POLAROID CORPORATION, *Relatório sobre o meio ambiente*

Neste momento, sinto-me como imagino que os jogadores de basquetebol se sentem — eles estão fazendo exatamente o que gostam de fazer e sendo pagos para isso. É isso o que acontece na Saturno: pessoas que dependem umas das outras. Pessoas que caminham na mesma direção. Isso é bom.

...KEVIN HAWKINS em *Powertrain Assembly — Saturn Homecoming Commemorative Magazine*

Esses comentários refletem os sentimentos de um número cada vez maior de empresas em todo o mundo. Os capítulos seguintes irão detalhar o modo como os valores humanistas estão sendo incorporados na cultura das empresas. Embora essa tendência seja inegavelmente benéfica, muitas mudanças têm sido feitas de forma improvisada ou fragmentada. Algumas empresas têm enfatizado as questões de qualidade de vida que mais preocupam os empregados, outras estão muito mais preocupadas com questões comunitárias e ambientais; para outras ainda a prioridade absoluta é dar mais oportunidades para as mulheres e as minorias. As soluções para essas e para a maioria das outras questões na empresa estão inevitavelmente ligadas. No entanto, muitas empresas têm tentado resolver os interesses dos inúmeros funcionários olhando-os de forma superficial, como se não tivessem nenhuma ligação. Em vez de ir à raiz dos problemas e pensarem em termos de um sistema único, essas empresas têm tentado aliviar as insatisfações, lidando com alguns aspectos de um subsistema limitado ou concentrando-se apenas em efeitos superficiais.

Em parte, a dificuldade de se fazer as mudanças necessárias deve-se ao fato de que a função da mente racional é dividir as coisas em partes fragmentadas para que elas possam ser analisadas mais facilmente. A solução duradoura para a maioria dos problemas, entretanto, exige uma análise da interdependência de todas as coisas e a descoberta do ponto em comum que une partes aparentemente distintas. Até os problemas serem analisados do ponto de vista de um sistema único e total, as soluções isoladas tendem a resultar numa colcha de retalhos ineficaz ou num tapa-buracos temporário. À medida que as empresas continuarem a reexaminar suas prioridades e a reavaliar seus valores, elas se sairão melhor se formularem suas políticas em torno de princípios com bases holísticas e pragmaticamente sólidas. A sabedoria eterna oferece toda a estrutura prática ao redor da qual uma verdadeira e permanente ética de administração pode ser construída. Mais especificamente, a Ciência Hermética, uma descrição da realidade com base científica e não-sectária, estabelece o modelo ideal, um modelo abrangente e eficaz. Embora algumas das terminologias e conceitos a princípio possam não ser familiares, as idéias incorporadas nos ensinamentos provavelmente irão ecoar no nível intuitivo.

O capítulo seguinte descreve os sete Princípios Herméticos de forma um tanto detalhada. Os princípios são repetidos, juntamente com exemplos práticos, ao longo de todo o livro. O objetivo dos capítulos 3 a 9 é mostrar qual a relação dessas leis universais com os empreendimentos empresariais em todo o mundo.

Notas

1. Vaclav Havel. Discurso por ocasião da Liberty Medal Ceremony, Filadélfia, 4 de julho de 1994.
2. Dan Gottlieb. "On Healing", *Philadelphia Inquirer*, 19 de junho de 1995, p. 5(G).
3. Anita Roddick. "Anita Roddick Speaks Out on Corporate Responsibility", *The Body Shop Lectures II* (West Sussex: The Body Shop International plc, 1994), pp. 2, 5.
4. Robert Bezi e George H. Gallup, Jr. "Seeking Spiritual Renewal", *Philadelphia Inquirer*, 25 de dezembro de 1994, p. 7(D).
5. Ewart Rouse. "Book Chains Escalate War of Supremacy", *Philadelphia Inquirer*, 22 de abril de 1996, p. 6(C).
6. Kenneth Miller. "Star Struck: A Journey to the New Frontiers of the Zodiac", *Life*, julho de 1997, p. 40.
7. Michele Galen e Karen West. "Companies Hit the Road Less Travelled", *Business Week*, 5 de junho de 1995, pp. 82-85. Reimpressão permitida da edição da *Business Week* de 5 de junho de 1995. © 1995 por McGraw-Hill Companies.
8. Lawrence Minard. "The Principle of Maximum Pessimism", *Forbes*, 16 de janeiro de 1995, p. 71.
9. Krishna Kripalani, org. *All Men Are Brothers: Autobiographical Reflections* (Nova York: Continuum, 1994), p. 69.
10. Huston Smith, *Forgotten Truth: The Common Vision of the World's Religions* (Nova York: HarperCollins, 1992), capa.
11. Aldous Huxley. *The Perennial Philosophy* (Nova York: Harper & Row, 1945), p. vii. [*A Filosofia Perene*, publicado pela Editora Cultrix, São Paulo, 1991.]
12. John White. *What is Enlightenment?* (Los Angeles: Jeremy P. Tarcher, 1985), p. xv. [*Iluminação Interior*, publicado pela Editora Pensamento, São Paulo, 1993.]
13. Antoine Faivre. *The Eternal Hermes: From Greek God to Alchemical Magus*, trad. por Joscelyn Godwin (Grand Rapids, MI: Phanes Press, 1995), p. 104.

14. Ken Wilber. *Up From Eden: A Transpersonal View of Human Evolution* (Boulder, CO: Shambhala Publications, 1983), p. 7.
15. Philip Novak. *The World's Wisdom: Sacred Texts of the World's Religions* (San Francisco: HarperCollins, 1994), p. 323.
16. Ibid., p. 163.
17. *The Secret Teachings of Jesus: Four Gnostic Gospels*, trad. (com intro. & notas) de Marvin W. Meyer (Nova York: Random House, 1994), p. 19.
18. Edward C. Johnson, II. "Contrary Opinion in Stock Market Techniques", in *Classics: An Investor's Anthology*, org. Charles D. Ellis com James R. Vertin (Homewood, IL: Business One Irwin, 1989), p. 397.

· **2** ·

Sabedoria Antiga —
Nova Compreensão

O século XX viu a visão mundial da comunidade científica aproximar-se ainda mais daquilo que os místicos descreveram durante milhares de anos. As descobertas feitas primeiro por Einstein e mais tarde confirmadas e desenvolvidas por outros físicos alteraram sobremaneira a visão newtoniana aceita anteriormente. Os conceitos de Newton de espaço e tempo absolutos, de partículas sólidas elementares e a idéia de uma descrição objetiva da natureza foram demolidos pela física atômica e pela teoria da relatividade. De acordo com essa teoria, o espaço não é tridimensional e o tempo não pode ser separado do resto da realidade. Ambos estão intimamente ligados e formam um *continuum* quadridimensional de "espaço-tempo".[1] O físico David Bohm, pupilo de Einstein, expressou essa idéia da seguinte maneira:

> Uma pessoa é levada a uma nova noção de totalidade indivisa que nega a idéia clássica de analisibilidade do mundo em partes que existam separada e independentemente... Pelo contrário, dizemos que a interligação quântica inseparável de todo o universo é a realidade fundamental, e que partes que se comportam relativamente de forma independente são simplesmente formas isoladas e contingentes dentro desse todo.[2]

A idéia de que existe uma distinção entre tempo e espaço ficou tão enraizada na nossa interpretação dos fenômenos naturais que para mudar essa linha de pensamento precisamos fazer um ajuste radical no modo como compreendemos os objetos físicos. Com base nessa nova compreensão, sólidos, líquidos e gases nada mais são do que formas de

26 ♦ *Capitalismo Consciente*

energia.[3] Se um objeto corresponde a uma certa quantidade de energia, sua massa não pode mais ser encarada como estática. A massa, portanto, tem de ser vista como um processo ou padrão dinâmico. Assim sendo, os conceitos tradicionais de espaço e tempo e de partículas independentes perdem muito do seu significado.[4] Essas descrições relativistas da física moderna são ilusórias, pois não experimentamos o mundo espaço-tempo quadridimensional com os nossos sentidos, mas apenas observamos suas "imagens" tridimensionais. A realidade tridimensional que testemunhamos diariamente é simplesmente uma projeção de esferas mais elevadas, assim como as sombras bidimensionais são reflexos dos objetos tridimensionais que abarcam nossa realidade. O modelo relativista traça um paralelo estreito entre os dois elementos fundamentais da maior parte das cosmologias místicas — a unicidade básica do universo e seu caráter dinâmico inerente.[5] Essa descrição da unidade da vida está contida no décimo diálogo do Bhagavad-Gita, o grande poema épico do Mahabharata:

> Eu sou Aquele... que reside na consciência de todos os seres. Sou o princípio, o meio e o fim de todas as coisas... Sou o princípio essencial na semente de todos os seres... Nenhum ser, animado ou inanimado, pode existir sem Mim.[6]

Embora as visões da ciência moderna e da sabedoria eterna estejam tendendo para o mesmo ponto, ainda existem diferenças significativas. A ciência se baseia em observações sensoriais percebidas em cenários controlados para obter informações sobre o universo. A mística, por outro lado, ensina que as questões fundamentais da vida nunca podem ser descritas de forma adequada por meio de palavras nem ser respondidas por meio de dados sensoriais.[7] Os sentidos físicos são limitados e muitas vezes ilusórios. Em primeiro lugar, o sentido da visão freqüentemente é deficiente ou pelo menos está sujeito a diferentes interpretações. Duas pessoas que olham a mesma ilusão de óptica muitas vezes dizem estar vendo dois objetos completamente diferentes. O sentido da visão nos leva a crer que a terra é chata e que o sol se movimenta em torno de uma terra aparentemente imóvel. A luz do sol leva oito minutos para chegar até nós; nesse período, o sol poderia ter explodido apesar de acharmos que estamos olhando para um objeto que ainda existe. Em segundo lugar, todos sabem que os sentidos humanos captam apenas uma porcentagem mínima de todo o espectro de luz e som. Portanto, a quantidade de dados sensoriais que chega até a nossa percepção é apenas uma fração do total disponível. Certamente parece imprudência fazer julgamentos definitivos sobre uma realidade que se baseia, em grande parte, na evidência física limitada a que a maioria dos seres humanos tem acesso. A temperatura, o sabor, a intensidade de um som e a velocidade com que um objeto parece se mover estão sujeitos a uma distorção considerável.[8] Albert Einstein pôs em relevo a ineficácia de se confiar nos nossos sentidos quando disse:

> Até o século XX, a realidade era tudo aquilo que os seres humanos podiam tocar, cheirar, ver e ouvir. Desde a primeira divulgação do quadro do espectro eletromagnético, eles aprenderam que aquilo que podem tocar, cheirar, ver e ouvir representa menos de um milionésimo da realidade.[9]

Se os dados dos sentidos não são confiáveis e se um observador é parte integrante, embora subjetiva, de cada experiência, como as pessoas podem compreender o mundo e o lugar que nele ocupam? A sabedoria eterna, baseando seus conhecimentos em percepções intuitivas, contorna os sentidos e retira informações diretamente da quarta dimensão de "espaço-tempo". Como a intuição contorna o plano físico, ela não pode ser explicada pelos cinco sentidos. Sendo uma expressão do mundo não-físico, ela pode ser considerada como um elo de comunicação entre a personalidade e a alma.[10] A intuição e a razão não são opostos, mas sim complementos. Para podermos ter acesso aos níveis onde o conhecimento intuitivo se encontra, temos de aplicar toda a análise racional de que dispomos, concentrando-nos num determinado problema, revirando nossa memória em busca de dicas sobre o assunto que está sendo analisado e utilizando nossa imaginação para extrairmos as respostas que procuramos. Depois que esse processo é realizado e a mente, num ato de capitulação, se cala, vem um lampejo de percepção intuitiva na forma de um sentimento, um pensamento ou uma imagem. A intuição nos leva aos princípios ou leis universais subjacentes às nossas observações baseadas nos sentidos, um conhecimento que pode ser aplicado diretamente ao problema prático que estamos tentando resolver.

Na opinião da dra. Marcia Emery, as percepções intuitivas podem ser recebidas antes que todos os fatos estejam disponíveis. Ela encerra um artigo sobre intuição com a seguinte afirmação:

> O valor da intuição está se tornando cada vez mais evidente, ganhando respeito como uma parceira silenciosa, mas essencial, em qualquer processo de tomada de decisões. Esse segredo bem guardado de empresários bem-sucedidos em todos os Estados Unidos está disponível para cada um de nós. Não admira que a intuição

esteja se tornando o instrumento estratégico mais importante das empresas do século XXI.[11]

Richard DeVos, co-fundador da Amway Corporation, acredita que uma total dependência em fatos limita o espírito ousado tão essencial ao processo de descoberta e inovação. DeVos concorda com os líderes que acreditam que as empresas precisam integrar a intuição com os fatos e com a lógica se quiserem otimizar o processo de tomar decisões.[12]

Mesmo que um sistema com base metafísica, que se apóie em grande parte no conhecimento intuitivo, ainda possa ser motivo de escárnio por parte dos racionalistas inflexíveis, descrições antiquíssimas da realidade mostraram-se surpreendentemente precisas. Há muito tempo os místicos descreveram a criação do universo com os mesmos termos usados pelos cientistas atuais para o que veio a ser conhecido como "Teoria do *big-bang*", ou Teoria da Grande Explosão. Antigos astrólogos, com uma precisão fantástica, deixaram espaços em sua cosmologia para a descoberta de planetas até então desconhecidos. Conceitos como a interconexão de todas as coisas e a participação inevitável do experimentador em todas as observações, que apenas recentemente foram reconhecidos pelos físicos, têm sido princípios centrais da sabedoria eterna há milhares de anos. Como afirmou o renomado cientista Robert Julius Oppenheimer:

> ...as noções gerais sobre compreensão humana e comunidade exemplificadas pelas descobertas no campo da física atômica não são completamente estranhas, completamente desconhecidas ou novas. Mesmo em nossa própria cultura elas têm uma história, e no pensamento budista e hindu ocupam um lugar central e mais significativo. O que encontramos é uma exemplificação, um encorajamento e um aprimoramento da velha sabedoria.[13]

Princípios da sabedoria eterna

Dizem que a sabedoria esotérica da maior parte das tradições espirituais remonta às origens dos ensinamentos de Hermes. Na verdade, um estudioso de religiões comparativas notará rapidamente a influência da Ciência Hermética na maioria das religiões. A essência do trabalho de Hermes, entretanto, consistia em plantar sementes e não em estabelecer uma escola de filosofia ou teologia. Até hoje usamos o termo "hermético" como sinônimo de secreto ou selado, numa referência à prática de sigilo que seus seguidores observavam ao compartilhar esses ensinamentos.[14] Os princípios e os axiomas da Ciência Hermética, acompanhados de explicações e exemplos, estão relacionados abaixo. No capítulo a seguir, analisaremos como estes princípios com base científica estão sendo aplicados ao mundo dos negócios para melhorar nossa vida no local de trabalho e além dele.

O Princípio do Mentalismo

"O Todo (Deus) é mente; o universo é mental."[15] A maioria de nós está familiarizada com as frases: "Penso, logo, existo", "criamos a nossa própria realidade", "a mente sobre a matéria", "você é aquilo que pensa", "o poder do pensamento positivo". Normalmente, achamos que elas são demasiado banais ou artificiais para serem relevantes na nossa vida cotidiana, indagando como esses dizeres podem nos ajudar a alcançar nossos objetivos ou resolver nossos problemas. Durante milhares de anos, líderes espirituais respeitados nos disseram que existe apenas uma coisa (o espírito, a força animadora), e que ela é de natureza mental. Embora ela pareça se dividir em duas forças distintas (consciência e matéria), a única diferença entre as duas é o ritmo com que elas vibram; a consciência é mais rápida e mais sutil e a matéria mais lenta e mais grosseira. Essa descrição unificada de realidade tem sido cada vez mais confirmada pelos cientistas. Como afirmou o famoso físico quântico Erwin Schrodinger: "A mente, por sua própria natureza, é uma *singulare tantum*. Eu deveria dizer: o número total de mentes é apenas uma."[16]

O neurofisiologista Karl Pribram da Stanford University, um dos arquitetos da nossa compreensão atual do cérebro, chegou à conclusão de que o universo pode ser um holograma gigante, um tipo de imagem ou construção criada pela mente humana. Citando o dr. Pribram:

> Não é que o mundo das aparências esteja errado; não é que não existam objetos lá fora, num nível de realidade. É que quando penetramos no universo e o olhamos com um ... sistema holográfico, chegamos a uma visão diferente, a uma realidade diferente. E essa outra realidade pode explicar coisas que a ciência até agora não conseguiu explicar: os fenômenos paranormais, a sincronicidade e os acontecimentos coincidentes aparentemente significativos.[17]

A concepção de que só existe uma coisa tem implicações devastadoras para a *mente*. Os pensamentos, criações da mente, são tão reais e

30 ◆ *Capitalismo Consciente*

potentes quanto os objetos físicos. Cada um de nós pode ser uma força do bem ou do mal sem sequer se levantar da cama. O cético certamente pedirá provas dessa afirmação. Infelizmente, as vibrações da consciência são tão sutis que não podem ser detectadas por nenhum instrumento material. Apenas a consciência é capaz de compreender a consciência.[18] Não obstante, muitas vezes percebemos fisicamente as vibrações da consciência quando outras pessoas lançam mão de um gesto, de um olhar ou de outras formas de comunicação não-verbal.

Existem também fortes evidências de que os pensamentos exercem uma influência preponderante na nossa saúde e bem-estar. Os atletas há muito usam imagens mentais para melhorar seu desempenho físico. O fato de a pessoa se imaginar fazendo uma corrida perfeita ou completando uma série de exercícios de forma impecável pode ter um efeito positivo na experiência real. Dan Millman, um campeão de cama elástica de nível internacional e ex-treinador de ginástica olímpica em várias universidades conceituadas, está bastante familiarizado com o poder da mente. Segundo ele, um ginasta perderá o equilíbrio na barra se sua mente não estiver completamente concentrada nela. Da mesma forma, dois jogadores de basquete de estatura igual podem obter resultados completamente diferentes ao tentar fazer uma cesta com base apenas em suas respectivas capacidades de concentração. A atenção determinada, que elimina todas as distrações mentais, é uma poderosa aliada.[19]

Inúmeros estudos têm ressaltado o importante papel que a mente desempenha no processo de cura. Com base em sua experiência, Andrew Weil, escritor e médico formado pela Universidade de Harvard, está convencido de que nenhum problema corporal está fora do alcance da intervenção da mente.[20] Pensamentos de medo, culpa, ansiedade, depressão e ressentimento se refletem em problemas físicos. Louise L. Hay, escritora conhecida internacionalmente, contou como conseguiu superar o câncer quando reconheceu que a fonte da sua doença poderia estar diretamente ligada à repressão e ao abuso que havia sofrido na infância. O ressentimento estava literalmente corroendo o seu corpo. Com a ajuda de um terapeuta, ela se libertou da velha raiva e, renunciando ao tratamento médico e cirúrgico recomendado, submeteu-se a uma completa purificação física e mental. Seis meses depois do seu diagnóstico, os médicos constataram que não havia mais nenhum vestígio do câncer.[21]

Em seu livro, *Healing Words*, o dr. Larry Dossey discorre sobre a eficácia de outra atividade mental: a oração. Ele começa analisando a validade do diagnóstico intuitivo a longa distância e a percepção a distância (transmissão mental de informações complexas para pessoas distantes) e cita uma pesquisa que demonstra que nem o espaço nem o tempo podem confinar a mente.[22] A eficácia da oração talvez possa ser mais bem exemplificada por um estudo realizado pelo cardiologista Randolph Byrd. Durante dez meses, 393 pacientes internados na unidade coronariana do Hospital Geral de São Francisco, selecionados pelo computador, foram divididos em dois grupos. Nesse período, grupos de orações domiciliares oraram por 192 pacientes, enquanto que os 201 restantes não receberam preces. O estudo foi planejado para ser um experimento rigorosamente aleatório do tipo duplo cego, isto é, nem os pacientes, nem as enfermeiras, nem os médicos sabiam em que grupo os pacientes estavam. O grupo que recebeu orações ficou cinco vezes menos propenso a usar antibióticos e três vezes menos propenso a desenvolver um edema pulmonar do que o outro grupo. Nenhum dos pacientes do grupo que recebeu orações precisou de entubação endotraqueal, contra doze do outro grupo, e um número menor de pacientes do grupo que recebeu orações morreu. Embora alguns críticos acreditem que o estudo teve falhas, o dr. Dossey afirma que, se a técnica estudada tivesse sido um novo procedimento cirúrgico ou uma droga experimental e não a oração, a pesquisa teria sido declarada uma grande conquista.[23]

A inocuidade de se discutir qual a influência que a mente exerce sobre o corpo é demonstrada pela seguinte história: uma mulher paranóica acreditava estar morta. Por mais que tentasse, o psiquiatra não conseguia tirar essa idéia da sua cabeça. Desesperado, ele perguntou se ela acreditava que uma pessoa morta pudesse sentir dor. A mulher respondeu de forma categórica que não. O psiquiatra, então, aplicou-lhe uma forte chave de braço. A paciente soltou um grito lancinante de dor.

"Ah, ha", exclamou o médico. "Você está viva!"

"Errado!", gritou a paciente. "Os mortos realmente sentem dor!"[24]

O que "sabemos" certamente é uma função daquilo que acreditamos.

O Princípio da Vibração

"Nada está em repouso. Tudo se move: Tudo vibra."[25] O Princípio de Vibração nos diz que tudo, desde a mente até a matéria, está em constante movimento. Se os elétrons parassem de orbitar ao redor do núcleo dos átomos, o mundo como o conhecemos deixaria de existir. O som e a luz fazem parte da atividade eletromagnética do universo. O som é uma

32 ◆ *Capitalismo Consciente*

vibração atmosférica que podemos ouvir, a cor são vibrações de luz refletidas que percebemos visualmente. Mesmo que todas as vibrações sejam qualitativamente iguais, as oscilações entre 16 e 20.000 ciclos por segundo geralmente podem ser percebidas pelo ouvido humano; as que estão abaixo ou acima desse alcance normalmente não podem ser ouvidas. Da mesma forma, a percepção que temos da luz está restrita a um número específico de vibrações.[26]

As diferenças entre os inúmeros fenômenos são simplesmente funções da velocidade de pulsação. A diminuição da atividade vibratória da água reduz sua temperatura e, finalmente, a transforma em cristais de gelo. A elevação da temperatura pelo aumento do ritmo das vibrações faz com que o gelo se transforme novamente em água, e quando a atividade vibratória é acelerada ainda mais, a água se transforma em vapor e desaparece da nossa percepção sensorial. A aplicação de vibrações para elevar a temperatura dos alimentos é o princípio que está por trás do funcionamento de um forno de microondas.

Para entender a interconexão entre o som e a luz e, por extensão, entre tudo o mais, pense num peão ou numa roda. Quando a roda começa a se movimentar, ela pode ser vista facilmente e emite pouco ou nenhum barulho. Quando a velocidade aumenta, pode-se ouvir um som baixo e grave. Quando aumenta ainda mais, o som ou as notas sobem progressivamente na escala musical. Finalmente, um som agudo e estridente é seguido pelo silêncio à medida que o movimento fica tão intenso que ultrapassa o alcance do ouvido humano. Em seguida, vem a percepção do aumento do calor. Depois de algum tempo, os olhos começam a ver uma cor avermelhada escura. À medida que a velocidade aumenta, o vermelho fica mais vivo e se transforma sucessivamente em laranja, amarelo, verde, azul, anil e violeta. Numa velocidade ainda maior, a cor desaparece à medida que as vibrações ultrapassam o alcance do olho humano. Entretanto, as emanações invisíveis dos "raios x" continuam à medida que o objeto se transforma. A seguir, eletricidade e magnetismo são emitidos. Por fim, o ritmo vibratório atinge um ponto em que as moléculas se desintegram e voltam aos átomos originais, que se transformam em substâncias cada vez mais finas, retornando, finalmente, à fonte primitiva.[27]

Todo movimento implica mudança, transformação, modificação e variação. Assim como uma flor brota, floresce, murcha, morre e, depois, inicia todo o processo novamente, o Princípio da Vibração nos demonstra que a vida é um série infinita de nascimentos e mortes e que essa qualidade temporária é um aspecto necessário e benéfico da criação.

O Princípio da Correspondência

"O que está em cima é como o que está embaixo, e o que está embaixo é como o que está em cima."[28] Existe uma correlação e uma concordância exatas entre todos os níveis de existência desde o mais baixo até o mais alto. Esse princípio é válido para o reino animal, vegetal ou mineral e para os níveis que transcendem aqueles com os quais estamos familiarizados. Portanto, se descobrirmos determinadas leis fixas numa área, podemos concluir, por analogia, que a mesma qualidade existe em outras áreas. Isso decorre do axioma anterior que afirma que a única diferença entre as partes do universo é a velocidade de suas vibrações. Por conseguinte, deveríamos ser capazes de estabelecer uma relação entre qualquer parte da expressão de Deus com aquelas que estão dentro do nosso próprio leque de experiências.[29] Assim como os princípios da geometria nos permitem, enquanto estamos aqui na Terra, medir as estrelas e seus movimentos previstos, da mesma forma o princípio de correspondência nos permite raciocinar de forma inteligente do conhecido para o desconhecido.[30] Andrew Weil expressa isso em termos biológicos:

> Isto [O que está em cima é como o que está embaixo, e o que está embaixo é como o que está em cima] significa que os padrões de verdade observados em qualquer nível de realidade serão os mesmos em todos os níveis de realidade. Logo, se pudermos discernir o processo do sistema de cura em qualquer nível da organização biológica, poderemos ser capazes de inferir a natureza de seu funcionamento em outros níveis.[31]

As pessoas com inclinações científicas podem analisar a estrutura de um átomo para ver esse princípio em ação. Dentro de cada átomo do nosso corpo, ou do universo, um número variado de elétrons circula ao redor de um núcleo. O tamanho do núcleo, onde a massa atômica se concentra, é de apenas um milésimo de bilionésimo de centímetro. Os elétrons estão distantes do núcleo cerca de um centésimo de milionésimo de centímetro. Portanto, a maior parte do átomo é espaço vazio.[32] Os elétrons se movem ao redor do centro da mesma forma que os planetas orbitam ao redor do sol. Em termos relativos, a distância entre os elétrons e o núcleo corresponde à distância entre os planetas e o sol.

Outro exemplo desse princípio fica evidente quando observamos a maneira como desempenhamos nossas atividades diárias e a comparamos com as descrições proféticas da estrutura hierárquica do universo. Segundo as escrituras, Deus começa um ciclo de manifestação fazendo-o existir pelo pensamento. A criatura, feita à imagem do Criador e dotada de livre-arbítrio, continua o processo da criação. De maneira muito semelhante, o fundador ou criador de um empreendimento normalmente oferece uma visão abrangente e depois pede que os executivos e assistentes se encarreguem dos detalhes. Além do mais, todo ato de criação compreende quatro etapas. Em primeiro lugar, vem a idéia. Em seguida, traça-se um plano ou esboço. Depois, desenvolve-se um molde ou processo. Finalmente, o produto ou o resultado é completado. Esse processo de quatro partes se dá em todos os níveis, do mais alto até o mais baixo.

O Princípio da Polaridade

"Tudo é composto de duas partes; tudo tem pólos; tudo tem o seu oposto; o igual e o desigual são a mesma coisa; os opostos são idênticos em natureza, mas diferentes em grau; os extremos se tocam; todas as verdades não passam de meias-verdades; todo os paradoxos podem ser reconciliados."[33] O Princípio da Polaridade revela claramente que tudo tem dois lados ou aspectos, com inúmeras gradações entre os extremos. Um e vários são apenas dois pólos da mesma coisa, diferenciados apenas por suas respectivas velocidades de vibração. O mesmo se aplica ao calor e ao frio, à luz e à escuridão, ao barulho e ao silêncio, ao bom e ao ruim, à coragem e ao medo, *ad infinitum*. O *status* de cada par é relativo e cada um pode ser transformado no outro. O quente torna-se frio, a luz se transforma em escuridão, o molhado fica seco, etc. A rigor, é impossível determinar de maneira objetiva onde termina o calor e começa o frio. Não existe calor absoluto ou frio absoluto; cada um deles indica somente a variação de grau, ou de vibrações, da mesma coisa. Pode-se dizer o mesmo a respeito de amor e ódio. Em seu ponto médio, o gosto e o desgosto se misturam e fica cada vez mais difícil distingui-los.[34]

Para a consciência evoluir, a unidade que subjaz a realidade tem de parecer estar separada em um mundo de dualidade. Do contrário, o mo-

Sabedoria Antiga — Nova Compreensão ◆ **35**

vimento seria limitado e a resistência necessária para desenvolver a forma não existiria. Essa separação ilusória faz a percepção autoconsciente se expandir à medida que a pessoa é forçada a fazer opções e, desse modo, ela aprende a diferenciar entre a grande variedade de objetos físicos e condições mentais que constituem a vida.

A dualidade onda-partícula da física quântica, na qual o mesmo elétron pode assumir a forma de uma onda ou de uma partícula, obrigou os cientistas a aceitar o paradoxo da polaridade. A princípio, parece ilógico que a luz possa ser tanto uma onda como uma partícula. Uma onda é como uma forma de movimento abstrata e contínua; uma partícula é mais como um ponto ou um projétil. Apesar de ser difícil compreender como os dois termos podem descrever a mesma coisa, alguns experimentos comprovaram que a luz pode assumir a forma de ondas ou de partículas.[35] O físico dinamarquês Niels Bohr apresentou o conceito de complementaridade como uma maneira de conciliar essa questão da onda-partícula. O conceito de complementaridade leva à compreensão de que pelo fato de uma visão estar correta, a visão oposta não está necessariamente errada. Uma moeda do lado da "cara" oferece um ponto de vista, do lado da "coroa" nos dá uma perspectiva completamente diferente. Não obstante, os dois lados são parte da mesma moeda indivisível.

Os filósofos orientais há muito sustentam que todos os opostos aparentes são, na verdade, duas faces da mesma moeda. Para eles, pares de opostos constituem um relacionamento complementar, onde cada um dos dois pólos está ligado ao outro de forma dinâmica. Ainda que reconheçam a individualidade das coisas, esses filósofos estão bastante conscientes de que todas as diferenças e contrastes são apenas relativos dentro de uma unidade que abarca tudo. O supremo objetivo da vida é alcançar um estado de ser onde todos os opostos sejam identificados como polares e, conseqüentemente, formem uma unidade. Nas palavras de D. T. Suzuki:

> A idéia fundamental do budismo consiste em ultrapassar o mundo dos opostos, um mundo construído pelas distinções intelectuais e pelas distorções emocionais, e em compreender o mundo espiritual da não-distinção, o que implica a obtenção de um ponto de vista absoluto.[36]

Os taoístas, da mesma forma, acham que o mundo é uma interação incessante das forças complementares de *yin* e *yang*. Quando não se compreende a unidade dos opostos, ocorrem inúmeros problemas como está relatado no primeiro verso do *Tao Te Ching* e reforçado na reprodução parcial do segundo verso:

> Quando as pessoas acham alguma coisa bonita outras se tornam feias. Quando acham que alguma coisa é boa outras se tornam ruins.
> O ser e o não-ser criam-se mutuamente. O difícil e o fácil apóiam-se um ao outro. O longo e o curto se definem mutuamente. O alto e o baixo dependem um do outro. O antes e o depois seguem-se um ao outro...[37]

O conhecimento de que todas as moedas têm duas faces e de que todas as verdades não passam de meias-verdades nos estimula a ser receptivos a todos os pontos de vista.

O Princípio do Ritmo

"Tudo tem fluxo e refluxo; tudo tem suas marés; tudo sobe e desce; o balanço do pêndulo se manifesta em tudo; a medida do movimento à direita é a medida do movimento à esquerda; o ritmo é compensado."[38]
O ritmo é o movimento medido entre os dois pólos descritos pelo Princípio da Polaridade, demonstrando a estreita ligação entre esses dois princípios. Embora o movimento raramente atinja o extremo de qualquer um dos pólos, sua direção é sempre de um pólo ao outro. Desde estados emocionais que oscilam entre a euforia e a depressão até movimentos geopolíticos que envolvem a ascensão e a queda de nações, tudo segue padrões rítmicos. Existem ações e reações, avanços e recuos, subidas e descidas incessantes, incorporadas em todos os fenômenos. O balanço numa direção determina a extensão do movimento na direção contrária; o ritmo é equilibrado. Podem decorrer longos períodos de tempo entre ações que se contrabalançam e, por esse motivo, muitas vezes não temos consciência de que nossas experiências atuais estão relacionadas com acontecimentos de um passado remoto. De acordo com esse princípio, concluímos logicamente que nenhuma ação evita a lei da compensação e que a justiça inabalável prevalece em todo o universo.[39]
Os físicos modernos vêem a matéria como se ela se movimentasse continuamente em padrões rítmicos, determinados por estruturas moleculares, atômicas e nucleares. Uma dança alternante de expansão e contração está sempre em curso. Todas as partículas interagem, emitindo e reabsorvendo energia. As partículas subatômicas não apenas realizam uma dança de energia, elas são uma dança de energia, um processo pul-

sante de criação e destruição.[40] Como exemplo, pense nas espirais de nuvens de gás hidrogênio que se formam para criar as estrelas. Primeiramente, o gás se expande numa bola de fogo. Depois de milhões de anos, quando a maior parte do combustível de hidrogênio foi consumido, as estrelas começam a se contrair. A contração continua até que as últimas estrelas desaparecem. Nessas circunstâncias, a estrela espera outro impulso que irá desencadear novo ciclo de vida solar.[41]

O Princípio de Causa e Efeito

"Toda Causa tem seu Efeito; todo Efeito tem sua Causa; tudo acontece de acordo com a Lei; o Acaso é apenas o nome dado a uma lei não reconhecida; há muitos planos de causalidade, porém nada escapa à lei."[42] O Princípio de Causa e Efeito afirma que nada acontece por acaso; o que parece ser acaso é simplesmente uma causa não reconhecida. A lei e a ordem prevalecem em todo o universo. Há uma relação entre tudo o que aconteceu antes e tudo o que acontece depois. Por exemplo, uma pessoa tem pai e mãe, quatro avós, oito bisavós e assim por diante, até que, depois de quarenta gerações, ela tem milhões de ancestrais. Da mesma forma, o número de causas que está por trás até mesmo do acontecimento mais insignificante cresce em proporções geométricas. Logo, todos os nossos pensamentos e todas as nossas ações exercem tanto um impacto direto quanto indireto no curso dos acontecimentos.[43]

A terceira lei do movimento de Isaac Newton, segundo a qual ação e reação são iguais e opostas, é uma reafirmação científica do Princípio de Causa e Efeito. A aplicação prática mais conhecida da terceira lei de Newton talvez seja o motor de um avião a jato.[44] O avião é impulsionado para a frente (efeito) como conseqüência dos gases expelidos para trás (causa). É interessante notar que quando John Maynard Keynes comprou e inspecionou um caminhão cheio de papéis que pertenciam a Newton, ficou chocado ao descobrir que Newton havia passado tanto tempo estudando alquimia e numerologia quanto passara calculando as leis do movimento.[45]

Nem sempre é fácil determinar o que é causa e o que é efeito. Na verdade, é difícil percorrer o caminho de qualquer coisa até a sua causa inicial. O que causa o crime: as drogas, a pobreza, a falta de emprego, um sistema educacional ruim, um número insuficiente ou excessivo de cadeias? O que causa as doenças: alimentação deficiente, hereditariedade, tensão, temperatura fria ou úmida? Muitas vezes é impossível separar o efeito do complexo número de circunstâncias que o rodeiam. Por exemplo, uma droga que é utilizada para tratar uma doença muitas vezes causa outras. Nosso estado mental dualístico, que nos faz pensar em termos de ou isto/ou aquilo, nos impede de enxergar o todo.

O Princípio do Sexo

"O sexo está em tudo; tudo tem seus Princípios Masculinos e Femininos; o Sexo se manifesta em todos os planos."[46] O Princípio do Sexo afirma que os elementos ou princípios masculinos e femininos estão presentes e permanentemente ativos em todas as fases da vida. Esse princípio pode gerar confusão, pois as pessoas muitas vezes presumem que ele se refere às diferenças físicas entre homens e mulheres. O termo se refere a todo o processo da criação e, portanto, é usado num contexto muito maior. A diferença entre os sexos é apenas um pequeno aspecto do Princípio do Sexo.

Colocando esse princípio num contexto científico, pense novamente na composição de um átomo. Um átomo é formado por uma quantidade de elétrons com carga negativa que giram ao redor de um núcleo com carga positiva. As partículas positivas exercem influência sobre as partículas negativas, resultando finalmente na "criação" ou "geração" de um átomo. O elemento masculino corresponde ao pólo positivo e o feminino ao pólo negativo. O uso desses termos não implica inferioridade ou superioridade; os dois são iguais, mas desempenham funções diferentes. Quando um elétron (carga negativa, feminina) deixa um átomo ou se separa dele, ele procura ativamente uma partícula masculina, ou carregada positivamente. Quando a união se realiza, as partículas femininas vibram rapidamente e giram em torno das partículas masculinas, produzindo assim um novo átomo. É o feminino que faz o trabalho ativo de criação, instigado ou estimulado pelo masculino. Em algumas formas de vida, ambos os elementos estão combinados em um organismo. Na verdade, todas as coisas contêm um pouco dos dois elementos. Os fenômenos de atração, repulsão, afinidade química, coesão e gravitação são todos manifestações do Princípio do Sexo.[47]

O Princípio do Sexo se estende aos domínios mentais e físicos. O elemento masculino da mente corresponde aos aspectos objetivos autoconscientes, enquanto o elemento feminino corresponde às fases subjetivas subconscientes. O elemento feminino recebe impressões e gera novos pensamentos e novas idéias. A imaginação criativa está sob o seu domínio. O elemento masculino tende a expressar e projetar. Ele é estimulante e se preocupa principalmente com o trabalho da vontade em seus muitos aspectos, incluindo organização, análise e diferenciação.[48] Atores, oradores, políticos, pregadores e escritores bem-sucedidos de ambos os sexos usam o elemento masculino. Quando ele é equilibrado com os aspectos de alimentação, síntese e geração do princípio feminino, todo o espectro da realização humana se torna possível.[49]

Phil Jackson, antigo jogador e treinador de basquete, discute o princípio do sexo em seu livro, *Sacred Hoops*. Ele diz que se tornou um treinador muito mais eficiente quando conseguiu equilibrar os lados masculino e feminino da sua natureza. Ele atribui seu sucesso na integração destas duas qualidades à sua esposa que lhe mostrou como conciliar seus instintos masculinos agressivos com seu lado feminino compassivo.

> No meu caso, corrigir a separação entre o feminino e o masculino, entre o coração e a mente — simbolizados por meu pai compassivo e por minha mãe analítica — foi um fator essencial no meu crescimento como treinador e como ser humano.[50]

Faremos agora um breve resumo dos sete Princípios Herméticos. Tudo o que existe é uma criação *mental*. Deus literalmente traz o universo à existência por meio do pensamento, começando com a idéia daquilo que Ele quer criar. Um vez iniciado, é produzido um movimento de espiral ou de redemoinho, que faz com que tudo *vibre*. A única diferença entre o espírito e a matéria é a velocidade em que vibram. Como tudo é feito da mesma essência, o mesmo princípio se aplica a todos os seres. Portanto, existe uma *correspondência* entre todos os níveis da criação, fazendo com que organismos autoconscientes se compreendam e tenham empatia uns com os outros. A autoconsciência exige a aparência de *dualidade*, apesar de todos os opostos serem idênticos em natureza mas diferentes em grau. Os opostos oscilam para a frente e para trás em movimentos *rítmicos*, procurando sempre um estado de harmonia ou equilíbrio. Esses movimentos para a frente e para trás *produzem efeitos* que repercutem por todo o cosmos. O ciclo de vida continua a gerar organismos mais evoluídos à medida que o *princípio masculino*, que tem a propriedade de projetar, estimula o *princípio feminino* receptivo e este último retira a idéia original do primeiro, produzindo novas formas.

40 ♦ *Capitalismo Consciente*

As aplicações práticas e as ramificações desses princípios, bem como a maneira como eles se relacionam com o mundo dos negócios, serão discutidas nos capítulos seguintes.

Notas

1. Fritjof Capra. *The Tao of Physics* (Nova York: Bantam Books, 1975), p. 50. [*O Tao da Física*, publicado pela Editora Cultrix, São Paulo, 1980.]
2. D. Bohm e B. Hiley. "On the Intuitive Understanding of Nonlocality as Implied by Quantum Theory", *Foundations of Physics* 5 (1975), pp. 96, 102.
3. Capra, p. 51.
4. Ibid, p. 67.
5. Ibid, pp. 158-59.
6. Swami Rama. *Perennial Psychology of the Bhagavad Gita* (Honesdale, PA: Himalayan International Institute, 1985), p. 323.
7. Capra, p. 16.
8. Morris Kline. *Mathematics and the Search for Knowledge* (Nova York: Oxford University Press, 1985), pp. 30-31.
9. Thomas Claire. *Bodywork: What Type of Massage to Get — and How to Make the Most of it* (Nova York: William Morrow & Co., 1995), p. 247.
10. Gary Zukav. *The Seat of the Soul*, A Fireside Book (Nova York: Simon & Schuster, 1989), p. 199. [*A Morada da Alma*, publicado pela Editora Cultrix, São Paulo, 1993.]
11. Marcia Emery. "Intuition: the Spark that Ignites Vision", *The New Leaders*, janeiro/fevereiro de 1995, p. 2.
12. Ibid.
13. Robert J. Oppenheimer. *Science and the Common Understanding* (Nova York: Oxford University Press, 1954) pp. 9-10.
14. Três Iniciados. *The Kybalion* (Chicago: The Yogi Publication Society, 1912), pp. 17-22. [*O Caibalion*, publicado pela Editora Pensamento, São Paulo, 1978.]
15. Ibid. p. 26.
16. Larry Dossey, M.D. *Healing Words: The Power of Prayer and the Practice of Medicine* (San Franciso, HarperSanFrancisco, 1993), p. 43. [*As Palavras Curam*, publicado pela Editora Cultrix, São Paulo, 1996.]
17. Daniel Goleman. "Holographic Memory: Karl Pribram Interviewed by Daniel Goleman," *Psychology Today*, fevereiro de 1979, pp. 83-84.
18. Paramahansa Yogananda. *Scientific Healing Affirmations* (Los Angeles: Self-Realization Fellowship, 1981), p. 29.
19. Dan Millman. *The Warrior Athlete: Body, Mind & Spirit* (Walpole, NH: Stillpoint Publishing, 1979), p. 58. [*O Atleta Interior*, publicado pela Editora Pensamento, São Paulo, 1996.]
20. Andrew Weil. M.D. *Spontaneous Healing* (Nova York: Alfred A. Knopf, 1995), p. 97.
21. Louise L. Hay. *You Can Heal Your Life* (Santa Monica, CA: Hay House, 1984), p. 201.

22. Dossey, pp. 49-50.
23. Ibid, p. 180.
24. Ibid, p. 204.
25. Três Iniciados, p. 137.
26. Yogananda, p. 28.
27. Três Iniciados, p. 144.
28. Ibid, p. 113.
29. *The One and the Many* (Chicago: A.C McClurg & Company, 1909), p. 62.
30. Três Iniciados, p. 149.
31. Weil, p. 71.
32. Paul Davies. *God and the New Physics* (Nova Yord: Simon & Schuster, 1983), p. 146.
33. Três Iniciados, p. 149.
34. Ibid, p. 34.
35. K. C. Cole. *Sympathetic Vibrations: Reflections on Physics as a Way of Life*, com Prefácio de Frank Oppenheimer (Nova York: Bantam Books, 1985), p. 210.
36. Capra, pp. 130-131.
37. Novak, p. 161.
38. Três Iniciados, p. 159.
39. Ibid, p. 160.
40. Capra, p. 232.
41. Ibid, p. 180.
42. Três Iniciados, p. 171.
43. Ibid, pp. 171-177.
44. *Compton's Interactive Encyclopedia* 1996 org., s.v. "Reaction Engines" [CD-ROOM] (Compton's NewMedia, 1995).
45. Jacob Bronowski. "Balck Magic and White Magic", in *The World Treasury of Physics, Astronomy, and Mathematics*, org. Timothy Ferris, com Prefácio de Clifton Fadiman, org. geral (Boston: Little, Brown & Co., 1991), p. 810.
46. Três Iniciados, p. 183.
47. Ibid, pp. 183-191.
48. Ibid, pp. 194-203.
49. Ibid, pp. 207.
50. Phil Jackson e Hugh Delehanty. *Sacred Hoops: Spiritual Lessons of a Hardwood Warrior*, com Prefácio do Senador Bill Bradley (Nova York: Hyperion, 1995), p. 67.

· 3 ·

A Origem da Competição

A sabedoria eterna nos diz que a vida é uma escola para almas, onde os "alunos" descobrem e depois aprendem a viver em harmonia com as leis e princípios apresentados no capítulo dois. Na jornada evolutiva desde O CRIADOR, nossa consciência se expande à medida que percorremos a curva de aprendizado da vida. A humanidade atingiu um ponto no qual sua sensação de individualidade e separação está começando a se abrir, científica e espiritualmente, para uma conscientização de que todas as coisas estão interligadas.

Nem todas as almas estão no mesmo nível de desenvolvimento. Embora a maioria delas, falando de forma figurativa, talvez esteja no colegial, algumas estão no início do processo de educação e outras estão quase se formando. A sabedoria eterna tem vários termos para se referir aos graus ou estágios que todos nós percorremos. A classificação a seguir, ligada à área de negócios, está estreitamente alinhada com os cinco estágios da antiga sabedoria: Competição, Cooperação, Concriação, Responsabilidade e Inclusão. As pessoas se comportam de acordo com seu estágio de desenvolvimento. Nenhum padrão de conduta ou estágio em particular é melhor do que qualquer outro. Um aluno do colegial não é melhor do que um aluno do ensino fundamental e não se espera que uma criança do jardim-de-infância tenha o mesmo autocontrole e a mesma consideração pelos outros que se esperaria de uma pessoa que está prestes a se formar. Além do mais, é praticamente impossível para os alunos determinar com qualquer grau de precisão o *status* de seus colegas.[1] Para complicar ainda mais o problema, algumas facetas da nossa consciência podem estar bastante desenvolvidas, enquanto outras progridem de forma mais lenta. Os noticiários freqüentemente trazem exemplos desse paradoxo. Alguns dos mais venerados líderes espirituais e religiosos foram obrigados a renunciar depois de terem sido desmoralizados com a divulgação de atividades inescrupulosas em suas vidas particulares. Figuras exponenciais do mundo da política e dos negócios, muitas delas famosas por sua filantropia, foram removidas do alto posto que ocupavam, ou até mesmo presas, devido a condutas morais repreensíveis ou atos ilegais. A personalidade de todas as pessoas, até mesmo daquelas que obtiveram sucesso material ou foram reconhecidas como líderes espirituais, tem elementos que precisam de maiores cuidados. Apenas a alma bastante desenvolvida está livre do círculo do nascimento, morte e renascimento. Seja qual for nosso *status* atual, nós passamos algum tempo em cada estágio no caminho para a graduação. Portanto, seria bom analisar o progresso que fizemos desde o início do processo evolutivo quando os sentimentos de isolamento e separação eram a regra. Se compreendermos a história desse desenvolvimento, seremos capazes de reconhecer quem somos, para onde estamos indo e qual a melhor maneira de chegar ao nosso destino.

Num passado longínquo, os seres humanos precisavam de um mecanismo eficaz de luta ou fuga para protegê-los dos perigos da selva. Se um animal selvagem estava prestes a atacar, não havia tempo para refletir sobre uma reação. Nossos ancestrais estavam programados para reagir automaticamente aos "outros" como ameaças em potencial e, por esse motivo, eram dominados pelo medo, pela paranóia e pelo egocentrismo. Quando teve início a transição do comportamento instintivo e inconsciente para o comportamento racional e consciente, uma mentalidade de sobrevivência forçou-os a ficar sempre alertas e atentos a tudo o que os cercava.[2] Naturalmente, nesses primeiros estágios de desenvolvimento os seres humanos cometeram muitos erros. A seguir, analisaremos alguns deles: primeiro, uma identificação equivocada com o corpo; segundo, a pressuposição de que a felicidade está diretamente relacionada com o acúmulo de bens materiais ou com o envolvimento em experiências mais prazerosas; terceiro, a convicção de que os recursos do mundo são extremamente limitados e quarto, a crença de que todas as criaturas são independentes e autônomas.

CORPO A ALMA

Uma identificação equivocada com o corpo leva as pessoas a confiar excessivamente nos dados sensoriais e, portanto, a tomar suas decisões com base em aparências superficiais. O finado Willis Harman, ex-presidente do Instituto de Ciências Noéticas e professor emérito da Stanford University, chamou as pressuposições subjacentes desse estágio de Metafísica M-1. O principal elemento do universo é a matéria. A consciência separada de um organismo vivo é algo não só desconhecido como inconcebível.[3] Sob essa visão de mundo, encaramos os órgãos do nosso corpo como partes independentes e os tratamos como se atuassem num vácuo. Separamos o corpo das emoções e tentamos nos livrar dos sintomas e não da causa do problema. Não somos responsáveis pela nossa "doença", pois ela é causada por fatores externos.[4] Não admira, portanto, que pensemos em nós mesmos como corpos e não como almas. Essa identificação incorreta do "Eu" é uma parte necessária do processo evolutivo, pois ela gera erros que nos empurram para novas maneiras de pensar e de agir. Nossa consciência se expande à medida que procuramos, por tentativa e erro, encontrar soluções para os nossos problemas centrados no corpo. A dor infligida pelos erros que cometemos aguça o nosso raciocínio e o nosso discernimento. Começamos a analisar as experiências e a cultivar uma forma de pensar independente, rejeitando assim os preconceitos culturais que inibem o nosso progresso.[5] Quanto mais de perto analisamos nossas crenças e nossos desejos, mais nos aproximamos de um alinhamento com as leis universais e de uma identificação com a nossa verdadeira essência.

DOR E PRAZER

À medida que nos tornamos mais conscientes, precisamos de experiências novas e menos restritivas para continuar a crescer. Neste ponto não precisamos mais do mesmo nível de comportamento instintivo que se fazia necessário na selva. Com a sobrevivência diária sendo uma preocupação cada vez menor, concentramos nossos esforços em obter prazer e evitar a dor. Em geral, acredita-se que quanto mais prazer tivermos na forma de dinheiro, poder, sexo, prestígio, etc., mais nos aproximaremos da verdadeira felicidade. Entretanto, no final, descobrimos que a satisfação dos nossos desejos sensuais e emocionais não nos traz a felicidade que esperávamos. Podemos nos sentir felizes momentaneamente, mas essa felicidade muitas vezes vem acompanhada do medo de perder aquilo que acabamos de adquirir. Ou talvez pela percepção de que a nossa aquisição não é tão empolgante quanto pensávamos. As conseqüências são desapontadoras. Por exemplo, quando compramos um carro novo ficamos entusiasmadíssimos. Poucos meses depois, o entusiasmo diminui e a nossa atenção se volta para a quantia alta do seguro ou para o medo de que alguém deixe cair algum alimento no estofamento novo. Uma crença comum é a de que se ficamos felizes com a compra de alguma coisa, ficaríamos ainda mais felizes se tivéssemos mais desta mesma coisa. Porém, a lei dos rendimentos decrescentes logo se instala. Segundo essa lei, quanto mais unidades do mesmo produto são consumidas, mais o valor ou a procura desse item cai em relação às unidades anteriores.[6] A segunda bola de sorvete é menos saborosa do que a primeira e a terceira é menos saborosa do que a segunda. Experiências agradáveis e bens materiais dão mais sabor à vida, mas não nos ajudam a alcançar nossas aspirações mais elevadas.

DOR E PRAZER NO ESTILO DE WALL STREET

O trabalho na área de investimentos oferece amplas oportunidades para se cometer erros. Aprendi mais com uns poucos investimentos constrangedoramente ruins do que com todos aqueles que foram coroados de êxito. Uma das decisões de que mais me arrependi envolveu uma empresa cujo preço das ações oscilava bastante, seguido de perto pelas minhas emoções.

O Santo Graal no ramo de investimentos é o "próximo" Microsoft, Intel ou Coca-Cola. Na década de 80 pensei tê-lo encontrado. A JWP era uma empresa de serviços internacionais singular especializada no planejamento, instalação e manutenção de equipamentos de alta tecnologia desenvolvidos por outras empresas. As vendas, os ativos e os lucros da empresa cresceram rapidamente nos anos 80, e no início da década de 90 sua receita ultrapassou 4 bilhões de dólares. Vários dos nossos clientes viram seus investimentos nas ações da empresa aumentarem dez vezes mais. Então, sem nenhuma razão aparente, as ações começaram a cair vertiginosamente. A maioria dos analistas de Wall Street que acompanhava a empresa continuou a recomendar a compra das ações. De acordo com as informações disponíveis no mercado, os fundamentos econômicos da empresa garantiam um preço muito mais alto para as ações. Eu não conseguia encontrar nenhuma justificativa para vendê-las.

Passados alguns meses, começaram a surgir indícios de uma situação financeira em deterioração. Parecia uma tortura chinesa. Então, dois fornecedores de renome internacional divulgaram cartas expressando sua confiança e seu apoio à empresa.[7] Em seguida, David Sokol, um executivo muito bem conceituado, foi levado à presidência para tentar reverter a situação. Fiquei aliviado. Poucos meses depois de assumir o comando, Sokol pediu demissão, denunciando irregularidades na contabilidade da empresa. Com uma das maiores firmas de contabilidade do mundo a cargo desse setor, era difícil acreditar nessa acusação. A diretoria alegou que a saída repentina do sr. Sokol era simplesmente uma manobra para tirar o controle da administração. Fiquei confuso. Uma parte de mim raciocinava que esse era apenas um revés temporário, pois a JWP era a principal empresa de um setor da indústria que crescera rapidamente e tinha um futuro brilhante pela frente. Apesar de esta ser uma avaliação bastante racional da situação, alguma coisa me incomodava. Eu não conseguia colocar o dedo na origem da minha inquietação, mas não me sentia à vontade. Passei várias noites acordado e inquieto, analisando todas as possibilidades. Não demorou muito para que meus temores se concretizassem; a empresa declarou falência e, algum tempo depois, admitiu o envolvimento com práticas de contabilidade fraudulentas.[8] Como as ações tinham dado algum lucro quando estavam em alta e a base de custos para a maioria dos investimentos na empresa estava muito baixa, consegui vender a maior parte da carteira de ações com pouco ou nenhum prejuízo. Não foi um grande consolo. O valor do investimento tinha ido de um extremo ao outro e meu fracasso em reconhecer a seriedade da situação foi decepcionante.

O Princípio da Polaridade nos diz que tudo tem seu oposto; o sucesso e o fracasso são duas faces da mesma moeda. As duas experiências são instrutivas, apesar de o fracasso chamar nossa atenção de forma muito mais eficaz, tornando-nos mais receptivos a novas percepções e a pontos de vista opostos. Qual a lição que aprendi com essa experiência angustiante?

Em primeiro lugar, segundo palavras atribuídas a Mark Twain: "A arte da profecia é muito difícil, sobretudo no que diz respeito ao futuro." Isso certamente é verdade quando se trata de avaliar a veracidade das informações fornecidas pela administração de uma empresa. Depois de

48 ◆ *Capitalismo Consciente*

acompanhar a empresa durante vários anos, mantendo inclusive discussões individuais com a cúpula da administração, pensei que eram pessoas bastante íntegras. Ser forçado a reconhecer a própria incapacidade de julgar as pessoas é certamente desalentador, mas tem seu lado benéfico. Fiquei mais tolerante com os erros dos outros e mais compassivo com suas dificuldades, pois todas as almas estão matriculadas numa escola difícil e exigente. Dizem que nos círculos por onde Hermes passa, a tolerância reina [9] e, como aprendi, a compassividade e a tolerância andam de mãos dadas. Além do mais, percebi que, por mais doloroso e paradoxal que possa parecer, todos os erros têm um propósito. Eles nos ajudam a diminuir o nosso ego, a valorizar a aparente imperfeição da vida e a intensificar a nossa busca por significado em todas as experiências.

Em segundo lugar, num mundo caracterizado por pouquíssimas mudanças, as habilidades analíticas são bastante satisfatórias. Porém, num mundo onde a tecnologia avança numa velocidade alucinante, a inovação é repentina e muitas vezes revolucionária e, como tal, difícil de ser analisada com antecedência. Nessas circunstâncias, as percepções intuitivas ou não-analíticas muitas vezes oferecem bases mais confiáveis para se tomar decisões. Não é fácil, na nossa cultura ocidental guiada pela ciência, confiar em informações amenas ou parciais. Essa dificuldade torna-se maior quando a decisão certa vai contra o consenso geral. A maior parte dos analistas de mercado continuaram a recomendar as ações da JWP até bem perto do desfecho. Como a empresa tinha um histórico de resultados operacionais e de investimentos favoráveis, era mais fácil seguir o conselho dos "especialistas" do que adotar uma posição contrária. No entanto, se eu tivesse dado maior atenção à minha intuição do que às minhas racionalizações, acredito que teria tomado uma decisão mais acertada.

Em terceiro lugar, percebo agora que, quanto mais importante um conceito é para o amor-próprio e senso de valor de uma pessoa (eu gostaria de acreditar que eu poderia achar o Santo Graal), maior sua veemência ao contestar informações duvidosas e maior sua tendência a rejeitar evidências que entrem em conflito com suas crenças. Procurar ter uma visão imparcial de todos os resultados sempre ajuda no processo de tomar decisões. Os erros podem ser humilhantes mas, na medida em que evitam julgamentos errôneos no futuro, eles são extremamente esclarecedores.

Existem inúmeros exemplos de adversidades que antecederam resultados bem-sucedidos. R. H. Macy fracassou várias vezes antes que sua loja de departamentos em Nova York obtivesse êxito. Robert M. Pirsig, autor do clássico *Zen and the Art of Motorcycle Maintenance*, foi recusado por 121 editoras antes que um editor isolado lhe desse uma oportunidade. Abraham Lincoln sofreu meia dúzia de derrotas políticas antes de ser eleito presidente dos Estados Unidos. Embora ninguém anseie pela dor do fracasso, uma experiência como essa pode acabar levando a um resultado prazeroso. Um pouquinho de sacrifício agora pode produzir um bem-estar maior no futuro. À medida que evoluímos, aprendemos a adiar a recompensa imediata e a sublimar nossas necessidades básicas para a nossa natureza mais elevada. Abraham H. Maslow, um dos fundadores da psicologia humanista, formulou o conceito de necessidades hierárquicas. Ele classificou sua hierarquia nas cinco categorias seguintes:

1. Necessidades físicas
2. Necessidade de segurança e proteção
3. Amor e sensação de pertencimento
4. Auto-estima
5. Auto-realização[10]

As necessidades básicas e mais elevadas não estão ligadas a nenhuma conotação moral. As básicas, como comida (categoria 1) e proteção contra predadores (categoria 2), têm de ser satisfeitas antes que as outras que seguem na hierarquia se tornem prementes. Uma pessoa faminta gasta seu tempo e energia procurando algum alimento antes de se preocupar com um vazamento no teto, muito menos em alcançar satisfação pessoal. No final, entretanto, as pessoas dão uma ênfase menor às necessidades básicas e uma ênfase maior aos seus desejos mais elevados, como o anseio de estabelecer uma ligação com sua essência espiritual.

ESCASSEZ E ABUNDÂNCIA

Quando as aparências superficiais controlam nossos atos, somos levados à conclusão de que os recursos necessários à nossa sobrevivência e bem-estar são limitados. Na verdade, o sistema econômico atual baseia-se em grande parte nessa crença. A definição de economia, encontrada nos manuais tradicionais, é a seguinte:

50 ◆ *Capitalismo Consciente*

> A economia é o estudo de como as pessoas e a sociedade, utilizando dinheiro ou não, decidem empregar **recursos escassos** (com a devida ênfase) para produzir bens variados ao longo do tempo e distribuí-los para consumo, agora e no futuro, entre várias pessoas e grupos da sociedade.[11]

Com um desejo ilimitado pelas coisas que proporcionam prazer e conforto e uma aparente escassez desses recursos, parece sensato supor que alguns desejos não serão realizados. Sem o suficiente para todos, uma pessoa só pode conseguir o que quer se as outras pessoas se contentarem com menos. A mentalidade competitiva é uma conseqüência lógica da pressuposição de escassez. Além do mais, como nosso *status* na comunidade muitas vezes é alto quando temos mais recursos, a necessidade de adquiri-los torna-se um fator de motivação ainda maior.[12] Quais são as falácias dessas pressuposições aparentemente lógicas? Começamos com alguns argumentos metafísicos que podem ser considerados brandos ou efêmeros e concluímos com vários exemplos da vida real, inclusive com a afirmação de um dos homens mais respeitados e bem-sucedidos do meio empresarial em todo o mundo.

De acordo com o Princípio do Mentalismo, os conceitos de escassez estão diretamente relacionados com o nosso sistema de crenças. O universo, sendo mental por natureza, cria recursos ilimitados. Citando a dra. Elizabeth W. Fenske, Diretora Executiva da Spiritual Frontiers Fellowship International:

> A ciência nos revela agora o que a metafísica tem expressado ao longo dos séculos — que NADA existe no universo, exceto a energia. Esse elemento de construção tanto do espírito como da matéria é exatamente a fonte que cria o que percebemos fora de nós mesmos e gera tudo o que está no nosso interior. Atraímos essa energia para dentro dos nossos processos de pensamento e, com a sua ajuda, criamos os modelos que queremos para a nossa vida. Essa energia não tem fronteiras nem é limitada pelo tempo. Os pensamentos nascem dela e podem trazer a matéria para a existência e o Ser. Portanto, nosso poder de criação e nosso potencial humano só são limitados quando permitimos que sejam.[13]

Buda fez este breve comentário sobre a natureza mental do nosso ser:

> Somos aquilo que pensamos.
> Tudo o que somos tem origem nos nossos pensamentos.
> Com eles fazemos o mundo.[14]

Várias passagens bíblicas ratificam a idéia de que temos o poder inato de atrair os recursos necessários para satisfazer todas as nossas necessidades. Aqui estão duas passagens do Evangelho de Mateus e Lucas:

Peçam, e lhes será dado! Procurem, e encontrarão! Batam, e abrirão a porta para vocês![15]

Quanto a vocês, não fiquem procurando o que vão comer e o que vão beber. Não fiquem inquietos. Portanto, busquem o reino dele e Deus dará a vocês essas coisas em acréscimo.[16]

Para finalizar, uma citação de Paramahansa Yogananda, um dos maiores responsáveis pela introdução da ioga no mundo ocidental:

Assim como todo poder reside na Sua vontade, todas as dádivas espirituais e materiais fluem da Sua abundância infinita. Para receber Suas dádivas é preciso eliminar da *mente* (com a devida ênfase) todos os pensamentos de limitação e pobreza. A Mente Universal é perfeita e não conhece privação; para conseguir esse suprimento permanente é preciso manter uma consciência da abundância. Até mesmo quando não se sabe de onde virá o próximo centavo, não devemos ficar apreensivos. Quando fazemos nossa parte e confiamos que Deus fará a Sua, descobrimos que forças misteriosas vêm em nosso auxílio e que nossos desejos construtivos logo se tornam realidade.[17]

Embora essas citações venham de fontes respeitadas, o pragmático provavelmente irá exigir exemplos mais concretos antes de concordar com o fato de que recursos limitados são mais uma elaboração da mente do que uma realidade. Para este fim, apresentamos os exemplos a seguir.

A edição de 1798 de *An Essay on the Principle of Population*, de Thomas Malthus, levantou o medo de que o índice de crescimento da população mundial superasse a capacidade da humanidade de fornecer alimentação adequada para seus futuros habitantes. Para Malthus, as realidades econômicas de escassez e superpopulação pareciam tão aterradoras que ele acreditava que apenas as guerras, a fome coletiva aguda e as epidemias nos salvariam da extinção. Vários pensadores de vanguarda daquela época aceitaram os argumentos de Malthus.[18] Bem mais recentemente, em 1968, Paul R. Ehrlich expressou o mesmo temor de Malthus no livro intitulado *The Population Bomb*. Nesse livro, ele previu que o mundo iria enfrentar uma séria escassez de alimentos na década de 70 e que centenas de milhões de pessoas morreriam de fome, independentemente de quaisquer esforços que se fizesse para evitar tal tragédia. Ele afirmou também que a Índia, um país que estava enfrentando um problema dessas proporções e que tentava alimentar sua população, dificilmente alcançaria a auto-suficiência.[19] Atualmente, a Índia não precisa mais importar alimentos e, na verdade, está despontando como um gran-

52 ◆ *Capitalismo Consciente*

de exportador. Segundo alguns especialistas, o país poderá competir com superpotências agrícolas como Estados Unidos, Austrália e África do Sul num futuro não muito distante.[20] Tanto Malthus quanto Ehrlich não levaram em consideração nossa capacidade de fazer adaptações criativas. Com um melhor gerenciamento agrícola e o desenvolvimento de uma nova tecnologia, temos sido capazes de produzir uma quantidade crescente de alimentos com um menor número de pessoas. Apesar desses avanços, admitimos prontamente que a fome está longe de ser erradicada e que o mundo estaria em melhor situação se o crescimento populacional estivesse sob controle. Não obstante, parece claro que um suprimento insuficiente de alimentos é sobretudo conseqüência da nossa incapacidade de encontrar respostas mais inteligentes e inovadoras para o problema da produção. A escassez de alimentos é basicamente um problema mental.

Logo depois dos alimentos, na lista de itens essenciais, vem a necessidade de combustível. O combustível mantém a população aquecida e produz energia para tudo, desde a iluminação até a locomoção. Desde que os nossos ancestrais pré-históricos retiraram pela primeira vez madeiras em chamas de uma fogueira produzida por faíscas, temos encontrado outras fontes de combustível, melhores e mais baratas. Ao longo da História, sempre houve a preocupação de que o uso contínuo dos recursos da terra pudesse levar a uma escassez de combustível, prejudicando, dessa forma, nosso padrão de vida. O episódio mais recente ocorreu em meados da década de 70, quando um embargo ao petróleo árabe criou uma atmosfera com as proporções de uma crise. O preço do petróleo e do gás subiu vertiginosamente, com o barril de petróleo saltando de três para mais de trinta dólares, seguido proporcionalmente pelo gás natural. As conseqüências desastrosas que podem resultar da redução artificial do suprimento de um recurso natural essencial tornaram-se bastante óbvias. Os preços subiram assustadoramente e os especialistas previram, quase com unanimidade, que o barril de petróleo chegaria a custar entre cinqüenta e cem dólares. Mais recentemente, em 1981, Frank Zarb, administrador da agora extinta Federal Energy Administration, relatou à subcomissão de energia do senado que o preço do petróleo iria subir dos 36 dólares à época para cem dólares em meados de 1985. Conseqüentemente, o galão de gasolina passaria a custar quatro dólares e, de acordo com Zarb, isso significaria que, por volta do ano 2000, os preços atingiriam bem mais de dez dólares o galão.[21] Como o gás natural possui uma quantidade de petróleo de cerca de um sexto de BTUs

(Unidade Térmica Britânica), esperava-se que o preço relativo a mil pés cúbicos (MCF) se elevasse para algo entre oito e dezesseis dólares. O que aconteceu realmente desde a década de 80? O petróleo tem sido comercializado a menos de 25 dólares o barril e o gás natural permaneceu a três dólares ou menos por MCF (que equivale a muito menos da metade dessa quantia depois de calculada a inflação). Por que duas fontes obviamente escassas não seguiram o caminho lógico que levava a uma alta significativa de preços? Métodos de perfuração tecnologicamente mais avançados e novas técnicas sísmicas, administrações mais eficientes, como entregas pelo sistema *just-in-time*, que garante a entrega imediata dos produtos de acordo com a real necessidade da linha de produção, evitando assim o investimento em estoques, além de um uso mais eficiente de energia em carros e eletrodomésticos, permitem que o consumidor consuma mais e pague menos. Com a liberação das nossas energias criativas, ficou provado que tanto a lógica quanto os especialistas estavam errados. Segundo Carl Wesemann, consultor independente da área financeira, "A chave para se descobrir os segredos da natureza e utilizar esse conhecimento na busca contínua para oferecer ao homem uma fonte inesgotável de energia reside na **mente** [com a devida ênfase] do próprio homem".[22]

Peter Drucker, famoso escritor, professor e consultor de empresas, disse que as pessoas estão sendo pagas cada vez mais apenas para colocar seu conhecimento em ação. Na sua opinião, a substituição do trabalho manual pelo mental foi a maior de todas as mudanças que a humanidade já vivenciou.[23] Essa idéia é reforçada por Virgínia I. Postrel, editora da revista *Reason*. Num artigo intitulado "It's All In The Head", ela afirma:

> Estamos, na realidade, vivendo cada vez mais numa economia *intangível*, onde as maiores fontes de riqueza não são físicas. Ainda não estamos acostumados com uma economia onde a beleza, a diversão, os cuidados pessoais, o aprendizado, o prazer e até mesmo a satisfação espiritual são tão reais e valiosos economicamente quanto o aço ou os semicondutores... A economia intangível,... [cria] algo valioso da mais abundante e imaterial das matérias-primas — o próprio pensamento.[24]

Para encerrar esta discussão sobre escassez x abundância com uma prova "sólida" do mundo real, não poderia haver nada melhor do que a seguinte passagem retirada de um relatório anual da empresa General Electric:

54 ♦ *Capitalismo Consciente*

O aumento da competitividade está no centro de tudo — um comportamento sem fronteiras, aumentando nossa velocidade e nosso alcance, com uma camada extra de simplificação. E o entusiasmo que isso produz se deve, obviamente, aos resultados sólidos que são gerados. Porém, ainda mais importante é a consciência de que o que fizemos até agora *mal arranhou a superfície*. Acontece que existe, na verdade, uma quantidade de suco inesgotável neste limão. O fato é que não se trata de espremer nada — trata-se de explorar um oceano de criatividade, paixão e energia que, até onde podemos ver, não tem fundo nem margens.

Acreditamos que uma fórmula é o uso de 100% das **mentes** (com a devida ênfase) e da paixão de 100% do nosso pessoal na implementação das melhores idéias de todas as partes do mundo, para se chegar a um entusiasmo sem fim, um crescimento sem fim e uma renovação sem fim.[25]

Por último, as palavras de Yogi Berra, famoso jogador de beisebol homenageado na galeria da fama e treinador dos New York Yankees e Mets, deveriam silenciar todos aqueles que permanecem céticos. Numa palestra proferida na cerimônia de formatura da Montclair State University, em Montclair, New Jersey, Berra disse: "Lembrem-se de que noventa por cento de tudo o que vocês fazem na vida é mental." Embora sua afirmação ainda deixe dez por cento em aberto, deve-se também levar em consideração que, na mesma ocasião, ouviram-no dizer: "...nos próximos anos, quando vocês chegarem a uma bifurcação na rodovia, tomem-na."[26]

SEPARADO E DIFERENTE

A ilusão de que cada um de nós é independente e autônomo é bastante comum e é uma conseqüência direta da confiança que depositamos nos nossos sentidos. Vemos apenas uma ligação tênue e indireta com nossos semelhantes e com o mundo natural que nos cerca. Quando achamos que somos independentes e temos pouca ligação com os outros, presumimos que a melhor maneira de defender nossos interesses é pela competição e não pela cooperação. Essa crença separatista é reforçada pelos hábitos culturais e pelas tradições da sociedade que herdamos. Charles T. Tart, psicólogo, professor e autor do livro *Waking Up: Overcoming the Obstacles to Human Potential*, descreve a situação da seguinte forma:

> As culturas quase nunca estimulam seus membros a questionarem-nas. A sobrevivência física tem sido demasiado precária para um enorme número de pessoas durante a maior parte da nossa História; portanto, existe um sentimento profun-

do, se não implícito, de que nossa cultura nos manteve vivos num mundo rude. Não faça perguntas, não perturbe. As culturas tentam ser sistemas fechados.[27]

Quando a mente regurgita automaticamente opiniões e valores da cultura, um estado mental da massa ou transe consensual é alcançado. Isso abrange crenças comuns como:

- ♦ Estrangeiros têm crenças estranhas.
- ♦ Lá é melhor do que aqui.
- ♦ Não sou responsável pela pobreza da sociedade, pela poluição ou pelos problemas com a educação.
- ♦ Eu seria feliz se tivesse o que o meu vizinho acabou de comprar.
- ♦ Se eu fosse mais parecido com eles, seria mais bem aceito.
- ♦ Eu sei o que é melhor para eles.
- ♦ Meu sistema de crenças está livre de distorções ou condicionamento.

A maioria dessas crenças, se não todas elas, podem estar atreladas ao fato de nos sentirmos como entidades separadas. Como tal, agimos como se nossos pensamentos e ações pudessem ser conduzidos sem levarmos em consideração o impacto que eles terão sobre as outras pessoas. Como nos libertarmos das crenças inibitórias e destrutivas que implantamos em nossa psique desde a infância?

A sabedoria eterna, é bom lembrar, nos ensina que o segredo da iluminação é "conhecer a si mesmo". Quando nos conhecemos, podemos ver que a nossa maneira separatista de pensar e nosso comportamento egoísta está causando dor e precisa ser revertido. O professor Jacob Needleman expressa isso da seguinte forma: "Aproximamo-nos do outro mundo, o mundo do espírito, quando prestamos maior atenção em nós mesmos, quando temos consciência de que estamos no meio do inferno. Essa conscientização do inferno é a maneira de escapar dele, ou o começo da escapada."[28] Por meio de uma combinação de observação aguçada e experimentação exploratória, como os antigos alquimistas, aprendemos que não estamos separados como nossos sentidos nos fazem crer. O corpo é apenas a capa exterior, a fantasia ou a máscara da nossa alma que está unida com todas as outras almas. A idéia de que todas as almas estão fundamentalmente unidas está em harmonia com o Princípio de Mentalismo, que descreve um universo de energia consciente contínua que interpenetra tudo o que existe.

56 ◆ *Capitalismo Consciente*

A auto-observação implica a mudança de um centro de consciência, passando-se de alguém que quer e age para um observador imparcial dos próprios pensamentos, emoções, motivações e ações. Dessa maneira, é mais fácil determinar até onde nossas atividades estão calcadas em hábitos inconscientes e pensamentos de mente coletiva e não em opções refletidas com cuidado e discernimento. Só quando examinamos as causas que estão por trás dos nossos desejos começaremos a querer aquilo de que precisamos verdadeiramente. Agindo de outra maneira iremos obter aquilo que queremos e descobrir mais tarde que não era bem isso o que esperávamos.

Resumindo, temos olhado para um nível de estágio de desenvolvimento onde os humanos acreditam que são seres separados e autônomos. Esse sistema de crenças gera muitos erros que ajudam no processo evolutivo. Todos os pares de opostos são vivenciados, vida após vida, até que se percebe que os pares são apenas aspectos diferentes da mesma coisa. Em vez de separado, tudo está ligado. Em vez de se basear na matéria, o universo é todo mental. Mudando nossa maneira de pensar, toda e qualquer coisa se torna possível. Na mesma medida em que mudamos, devem mudar as organizações para as quais trabalhamos. A não ser que as instituições e organizações ao redor das quais a sociedade atual e as atividades comerciais se concentram sejam um reflexo desta nova maneira de pensar, as pessoas ficarão frustradas e sem motivação. Thomas Jefferson, numa carta a Samuel Kercheval, observa a necessidade de fazer mudanças institucionais à medida que a mente humana se desenvolve:

> Certamente não sou um defensor de mudanças freqüentes nas leis e nas constituições... Mas sei também que as leis e as constituições devem andar de mãos dadas com o desenvolvimento da mente humana. À medida que esta se torna mais desenvolvida e mais iluminada, que novas descobertas são feitas, que surgem novas verdades e que os hábitos e opiniões mudam com a mudança das circunstâncias, as instituições também têm de progredir para acompanhar os tempos. É melhor pedir que um homem vista o mesmo casaco que lhe servia quando garoto do que pedir que a sociedade civilizada permaneça sob o regime dos seus ancestrais bárbaros.[29]

Nos capítulos seguintes ficará mais claro que as empresas estão começando a fazer as mudanças necessárias para acompanhar o ritmo do número crescente de empregados que estão adotando uma visão de mundo mais holística. Quando ensinamentos como os Princípios Herméticos forem amplamente aceitos, a sociedade terá uma ética orientadora e um modelo de transformação para o século XXI.

Notas

1. Anna Kennedy Winner. *The Basic Ideas of Occult Wisdom* (Wheaton, IL: The Theosophical Publishing House, 1970), pp. 83-91.
2. Ken Keyes, Jr. *Handbook to Higher Consciousness* (Berkeley, CA: Living Love Center, 1973), pp. 11-14. [*Guia para uma Consciência Superior*, publicado pela Editora Pensamento, São Paulo, 1990.]
3. Willis W. Harman. *Global Mind Change: The Promise of the Last Years of the Twentieth Century* (Indianapolis: Knowledge Systems, Inc. for the Institute of Noetic Sciences, 1988), pp. 11-14. [*Uma Total Mudança de Mentalidade*, publicado pela Editora Cultrix, São Paulo, 1994.]
4. Barbara Brennan. *Light Emerging* (Nova York: Bantam Books 1993, p. 33. [*Luz Emergente*, publicado pela Editora Cultrix, São Paulo, 1995.]
5. Winner, pp. 88-89.
6. Paul A. Samuelson. *Economics: An Introductory Analysis*, 6ª ed. (Nova York: McGraw-Hill Book Co., 1964), p. 24.
7. Elliot Markowitz. "Dwyer Claims JWP Down but Not Out," *Computer Reseller News*, 26 de outubro de 1992, p. 221.
8. Floyd Norris. "Market Place," *New York Times*, 22 de setembro de 1995, p. 6 (D).
9. Faivre, p. 100.
10. Charles T. Tart. *Waking Up: Overcoming the Obstacles to Human Potential*, New Science Library (Boston: Shambhala Publications, 1986), p. 173.
11. Samuelson, p. 5.
12. Denise Breton e Christopher Largent. *The Soul of Economies: Spiritual Evolution Goes to the Marketplace* (Wilmington, DE: Idea House Publishing Co., 1991), pp. 83-85.
13. Elizabeth W. Fenske, org. "Creativity and Human Potential", *Spiritual Insights for Daily Living* (Independence, MO: Independence Press for Spiritual Frontiers Fellowship, 1986), junho.
14. T. Byron, *The Dhammapada: The Sayings of the Buddha* (Nova York: Vintage, 1976), citado em Roger N. Walsh e Frances Vaughan, orgs. *Beyond Ego: Transpersonal Dimensions in Psychology* (Los Angeles: Jeremy P. Tarcher, 1980), p. 58. [*Além do Ego — Dimensões Transpessoais em Psicologia*, publicado pela Editora Pensamento, São Paulo, 1991.]
15. Mateus 7:7 (Versão Padronizada Revista).
16. Lucas 12:29, 12:31 (Versão Padronizada Revisada).
17. Paramahansa Yogananda. *The Law of Success*, 7ª edição (Los Angeles: Self-Realization Fellowship, 1983), p. 22.
18. Thomas Robert Malthus. *On Population*, org. Gertrude Himmelfarb, The Modern Library (Nova York: Random House, 1960), p. 9.
19. Paul Ehrlich. *The Population Bomb* (Nova York: Ballantine Books, 1968), Prólogo, pp. 39-41.
20. Peter Fuhrman e Michael Schuman. "Now We Are Our Own Masters", *Forbes*, 23 de maio de 1994, p. 136.

58 ♦ *Capitalismo Consciente*

21. Jim Landers. "Gasoline to Hit $4 per Gallon, Specialist Says", *Dallas Morning News*, 2 de maio de 1981, p. 1 (A).
22. Carl Wesemann. "The Primary Energy Source, or, Food for Thought", in *Energy Sources 78/79*, org. Rita Blome (Denver: ENERCOM, 1978), p. 26.
23. General A. Achstatter. "Prescription for Success: Change Fast — and Often", *Investor's Business Daily*, 2 de maio de1996, p. 4 (A).
24. Virginia I. Postrel. "It's All in the Head", *Forbes ASAP*, 26 de fevereiro de 1996, p. 118. Reimpressão permitida da revista *Forbes ASAP* © Forbes Inc. 1996.
25. General Electric Company. *1994 Annual Report* (Fairfield, CT), p. 5. Utilizado com permissão.
26. William H. Honan. "Of Spielberg, Berra e (Many) Other. Graduation Greats", *New York Times*, 17 de maio de 1996, p. 6 (B). Copyright © 1996 pelo New York Times Co. Reimpresso com permissão.
27. Tart, p. 88.
28. Jacob Needleman. *Money and the Meaning of Life* (Nova York: Doubleday, uma divisão da Bantam Doubleday Dell Publishing Group. 1991), p. 171.
29. J. G. De Roulhac Hamilton, org. *The Best Letters of Thomas Jefferson* (Cambridge: Riverside Press, 1926), p. 220.

· 4 ·

O Caminho para a Cooperação

A aventura da humanidade, encoberta pela ilusão de separação, continua até que o desconforto atinge níveis intoleráveis. Os quatro erros discutidos no capítulo anterior impõem limites rigorosos à nossa capacidade de alcançar uma sensação de paz e contentamento. Enquanto as idéias de autonomia e escassez prevalecerem, ficaremos presos num labirinto de batalhas competitivas do tipo ganha/perde nas quais nos sentimos menos seguros e menos realizados do que seria um direito inato nosso. Como disse Sócrates: "Nenhum homem começa a ser sábio até que percebe o quanto lhe custa ser um tolo."[1] Padrões de conduta mal orientados são a norma, até que se percebe que o comportamento egocêntrico é contraproducente. O progresso de cada pessoa, na escola da vida, está inextricavelmente ligado ao bem-estar de todas as outras coisas. Quando as pessoas começam a pensar em termos da segunda metafísica de Willis Harman, que passa do monismo materialista (M-1) para o dualismo (M-2), a atmosfera começa a mudar. A humanidade substitui a crença de que a matéria é primordial por duas maneiras iguais e complementares de encarar o mundo. Uma é composta de matéria-energia e a outra de mente-espírito.[2] Nem a idéia de que todas as coisas estão interligadas nem a de que vivemos num mundo de potencial ilimitado ficam evidentes quando o pensamento está restrito a uma estrutura materialista. Quando colocamos a mente em pé de igualdade com a matéria, a idéia que temos do que é possível transcende as limitações dos sentidos físicos e começamos a ter uma noção dos vínculos intangíveis que esta-

60 ♦ *Capitalismo Consciente*

vam ocultos. Mudando o foco de separado para interligado e de escasso para abundante, deixamos de depender da competição e da coerção e compreendemos que a competição é apenas uma das maneiras de interagir e, em muitos casos, nem a mais produtiva, nem a mais satisfatória.

Uma alternativa clara à competição é a cooperação. Nesse caso, as partes envolvidas trabalham juntas com a intenção de atingir um objetivo comum. A competição não é necessariamente eliminada, pois ela pode fornecer uma centelha que aumenta o nível de energia de todos os participantes e ajuda a evitar a tendência à complacência ou à mentalidade de rebanho. Ela simplesmente é relegada a um segundo plano para que o objetivo seja definido de forma mais abrangente e os conflitos destrutivos sejam minimizados.[3] Para os que acreditam que esforços de cooperação em grande escala é um sonho idealista, inúmeros exemplos mostrarão como esse método pode ser mais produtivo e satisfatório do que o método competitivo extremamente restritivo que predomina atualmente na maioria das relações.

REFLEXÕES DA NATUREZA

Sistemas de cooperação simples mas eficazes podem ser observados mais claramente fora do mundo dos homens, onde o comportamento se origina de impulsos inconscientes e instintivos. Sem o livre-arbítrio, a maioria das ações é espontânea e geralmente está em harmonia com as leis e os princípios universais. Quais são algumas das características que predominam no mundo natural? A natureza parece esbanjar cooperação e abominar a competição. Ela dispersa os organismos geograficamente, separando-os por tipo de vida e por território. Os confrontos entre os animais, exceto quando eles estão em busca do acasalamento, na verdade não são formas de competição, mas demonstrações e gestos propositais onde o desafiador tenta descobrir se o território está ocupado. Com poucas exceções, só existe um combate mortal quando a subsistência ou segurança do predador está em jogo. Pessoas supostamente civilizadas, entretanto, durante muito tempo se envolveram em matanças por simples "esporte". Para alguns, um ato dessa natureza talvez seja decorrência da competitividade que atinge níveis extremamente irresponsáveis. A maioria dos índios americanos, por exemplo, estava perfeitamente sintonizada com a natureza e condenava a matança por pura diversão. Em 1854, o chefe Seattle, líder das tribos Ouwamish e Suquamish, escreveu uma carta ao presidente Franklin Pierce, na qual comentava o ponto de vista da sua tribo quanto à dependência do homem ao ambiente natural:

> Vi milhares de búfalos apodrecendo nas pradarias, ali deixados pelo homem branco que atirou neles de um trem que passava. Sou um selvagem e não compreendo como o Cavalo de Aço que solta fumaça pode ser mais importante do que o búfalo que matamos apenas para a nossa subsistência. O que é o homem sem os animais? Se todos eles morressem, o homem morreria de uma grande solidão do espírito, pois tudo o que acontece aos animais, em breve acontece a ele. Todas as coisas estão interligadas.[4]

A cooperação entre as espécies e dentro delas também prevalece. Pense no seguinte exemplo de cooperação entre as espécies. Um animal come uma fruta com semente e tudo. Mais tarde, ele deposita as sementes não digeridas junto com uma boa quantidade de fertilizante. O animal é alimentado e uma nova árvore frutífera em breve é gerada. Até mesmo os subprodutos são utilizados para promover a vida entre as espécies. Os animais precisam de oxigênio para respirar; as plantas o fornecem. As plantas precisam de dióxido de carbono que, convenientemente, é um subproduto da respiração dos animais.

A simbiose de limpeza é outro exemplo de cooperação entre as espécies. Quer seja o pássaro do rinoceronte, que come insetos das costas deste animal, quer uma das 42 espécies de peixes que se ocupam da limpeza de outros peixes, os animais freqüentemente são encontrados trabalhando juntos. Na verdade, nenhuma espécie poderia existir se estivesse sozinha no planeta.[5] Nós reciclamos uns para os outros. Uma lembrança vívida que trago de uma visita às planícies africanas é a ausência total de lixo ou dejetos em qualquer parte. Os dejetos de uma espécie serviam de alimento para outra espécie. Os seres humanos estão apenas começando a compreender as conseqüências dos seus esforços de reciclagem lamentavelmente deficientes. A interação respeitosa e co-dependente entre as outras espécies é um exemplo claro de relações cooperativas que beneficiam diretamente os participantes.

Quanto mais de perto se observa, menos se pode negar a interdependência do homem com toda a criação. Na virada do século, quando a lontra-do-mar do oceano Pacífico foi caçada até a beira da extinção, o número de águias, focas comuns e, de maior preocupação para o homem, de peixes caiu drasticamente. Acontece que a alga marinha, parte de uma complicada cadeia de alimentação, estava sendo dispersada

62 ◆ *Capitalismo Consciente*

pelos ouriços-do-mar, cujo principal predador era a lontra-do-mar. Sem a alga para alimentar a vida marinha que mantém os cardumes de peixes que, por sua vez, mantêm as águias e as focas, todas essas espécies caíram a níveis perigosos. Com a diminuição do número de lontras-do-mar, a cadeia se desintegrou em detrimento não só das plantas e dos animais, mas também dos seres humanos.[6] Como disse John C. Sawhill, da Nature Conservancy: "Sempre comparo o mundo natural com uma enorme tapeçaria, maravilhosa em sua complexidade e interdependência. Cada vez que uma espécie é extinta, retiramos dela mais uma meada."[7]

A natureza tem muito a nos ensinar. Uma das lições mais importantes é que o mesmo efeito de ondas que ocorre na natureza é encontrado também no meio financeiro e político. A crise financeira mexicana de 1994 ofereceu um exemplo impressionante da irrefutável interdependência de toda a humanidade. Uma desvalorização repentina do peso no final do ano pegou a maioria dos investidores de surpresa e os mercados de ações do Brasil a Hong Kong entraram em parafuso. Na economia global dos dias de hoje não há, virtualmente, barreiras para o livre fluxo de capital. A capitalização conjunta do mercado de ações da América Latina, Ásia e África, evoluiu de cerca de 100 bilhões de dólares dez anos atrás para bem mais de 2 trilhões de dólares.[8] Os investidores são provenientes de todas as partes do mundo e abrangem tanto os individuais — muitos dos quais investem por meio de fundos mútuos — quanto as instituições financeiras, que muitas vezes administram fundos de pensões não só de pensionistas ricos mas também dos menos abastados. Portanto, quando uma crise, real ou imaginária, se desenvolve todos são afetados, independentemente da sua nacionalidade ou capacidade de suportar a perda.

A crise mexicana mencionada acima teve tal magnitude que a pauta principal da reunião de cúpula dos oito* países mais ricos do mundo realizada em Denver em junho de 1997, sob a liderança do presidente Clinton, foi a necessidade de evitar que uma crise financeira semelhante se repetisse. Nunca era cedo demais. Se ainda havia uma única dúvida sobre a interdependência do mundo, ela foi rapidamente dissipada no final de 1997. A desordem financeira na Ásia, que começou com a Tailândia e a Malásia e depois se espalhou para a Indonésia, Hong Kong, Coréia e Japão, apontava para a necessidade de uma estreita cooperação e troca de idéias entre os países do mundo todo. Com vários deles à

---

* Reunião do G-7 que, na ocasião, contou com a participação da Rússia. (N. da T.)

beira da falência e com a inadimplência de inúmeras empresas multinacionais, os pacotes de resgate do Fundo Monetário Internacional logo foram colocados em ação numa tentativa de conter a crise e restaurar a confiança. Os Estados Unidos e boa parte da Europa enfrentaram repercussões indesejáveis a despeito de seus sólidos fundamentos econômicos. Por volta de 1998, ficou claro que o crescimento mundial iria, no máximo, ser nulo. As moedas desvalorizadas permitiram que a Ásia inundasse os mercados do Ocidente com mercadorias baratas, reduzindo assim o crescimento da economia doméstica e ameaçando os mercados de trabalho. Independentemente de quem é a culpa, nenhum país sai ileso quando qualquer nação enfrenta uma crise. O que acontece com as crises financeiras também se aplica quando um controle de poluição ineficaz permite emissões nocivas de poluentes no ar e na água. Assim como o fluxo de capital e de informações não estão limitados por fronteiras geográficas ou políticas, o mesmo se dá com os efeitos da degradação ambiental.

A SOBREVIVÊNCIA DOS QUE COOPERAM

A teoria de sobrevivência dos mais aptos de Darwin ressalta de forma correta que as criaturas que conseguem se adaptar melhor às condições de transformação são as que mais têm chances de sobreviver e perpetuar a espécie. Da mesma forma, o modelo sócio-econômico que irá permanecer será aquele que facilitar as adaptações mais criativas. De acordo com Alfie Kohn, autor de *No Contest: The Case against Competition e* ganhador do Prêmio Nacional de Psicologia, os estudos demonstram que para se efetuar as adaptações necessárias a cooperação é mais eficaz do que a competição. Segundo ele, a competição muitas vezes impede o sucesso. Ele cita várias razões para justificar essa posição aparentemente radical. Em primeiro lugar, a competição causa ansiedade. Quando duas pessoas estão tentando se derrotar mutuamente, é natural que as duas partes se distraiam. O foco da atenção passa do objetivo fundamental para a estratégia que o concorrente está adotando para ganhar a fase atual. Em segundo lugar, a competição pode ser menos eficaz do que a cooperação. Numa batalha competitiva, as habilidades e recursos são reunidos por medo de se perder terreno para o concorrente. Portanto, a competição pode ser perniciosa e desnecessária. Além do mais, a certa altura, um dos lados provavelmente estará desperdiçando tempo e energia tratando de problemas que já foram resolvidos. Em terceiro, a competição desvia a atenção daquilo que se está fazendo no momento para o objetivo de vencer a qualquer custo.

Os objetivos emocionais e egoístas que tentamos satisfazer nos confrontos competitivos muitas vezes são frustrados quando a nossa auto-estima passa a depender de continuamente derrotarmos outra pessoa ou sairmos vencedores em alguma atividade. Motivações intrínsecas, tais como curiosidade ou satisfação por um trabalho bem-feito, deixam de existir. Com bastante freqüência, o que a princípio era estimulante torna-se menos atraente à medida que crescem a tensão e a ansiedade causadas pela pressão da competição. Por fim, a competição pode arruinar relacionamentos pessoais. Aqueles que estão competindo ficam condicionados a ter menor confiança e ser menos sensíveis às necessidades ou pontos de vista do outro.[9] Quando compreendemos que a essência do nosso ser é a consciência e não o físico, a compulsão de competir por parcos recursos diminui.

UMA APLICAÇÃO PRÁTICA

Poucas pessoas discordariam de que os mecanismos utilizados pela sociedade para resolver litígios, tanto entre pessoas quanto entre instituições, deixam muito a desejar. Os tribunais estão abarrotados com um número excessivo de processos e os custos das ações judiciais, sobretudo nos Estados Unidos, beiram o absurdo. Segundo estimativas da Tillinghast, uma firma de consultoria internacional, o sistema de delitos civis custa ao país mais de 150 bilhões de dólares, ou seja, aproximadamente 2,2 por cento do seu produto interno bruto. Os números obtidos em outros onze países industrializados mostraram que as custas processuais representavam apenas 0,9 por cento do produto interno bruto. A diferença é de cerca de novecentos dólares por família nos Estados Unidos. Essas despesas absurdas se refletem em preços de bens e serviços mais altos do que o "normal", como automóveis e prêmios de seguros.[10] Além dos custos elevados, até mesmo o "vencedor" no final pode ficar numa situação pior do que se encontrava quando surgiu o conflito. Tem de haver uma maneira melhor. O segredo para restringir longos confrontos talvez esteja em se estabelecer o clima adequado desde o início de um relacionamento.

Um acordo legal inusitado, relativo a um investimento pessoal, chamou a minha atenção muitos anos atrás. Ele cria uma atmosfera mais apropriada logo de início. Aqui está uma pequena parte, porém essencial, do acordo:

> As partes sabem que em todas as atividades humanas podem surgir contendas. Num esforço para manter relacionamentos longos e reciprocamente satisfatórios, os abaixo-assinados desejam minimizar o tempo, os custos e os aborrecimentos envolvidos na resolução de qualquer desentendimento. Além disso, desejam que o processo de solução da contenda seja mutuamente informativo, permitindo que todas as partes tomem conhecimento dos respectivos sentimentos e linhas de raciocínio, para que as divergências possam ser resolvidas de maneira imparcial e amigável. As partes desejam também evitar os procedimentos legais longos e desgastantes, que muitas vezes fazem com que os litigantes fiquem tão aborrecidos e insatisfeitos que as chances de um futuro acordo são colocadas em risco. Para esse fim, as partes concordam em resolver qualquer contenda em vários estágios de modo que as divergências sejam detectadas e resolvidas o mais rápido possível. Portanto, sempre que surgir um sentimento de desconforto, seja qual for o motivo, a parte prejudicada comunicará imediatamente o problema da forma mais detalhada possível. A parte que está sendo acusada de causar o desconforto deve discutir o assunto de bom grado e as partes envolvidas farão tudo o que puderem para eliminar o problema. Não haverá nenhuma alegação de culpa ou de responsabilidade, pois a intenção dos abaixo-assinados é cooperar de tal maneira que a divergência seja prontamente resolvida.[11]

Mesmo com a melhor das intenções, algumas divergências não serão resolvidas nesse estágio inicial. Portanto, estágios adicionais que exigem um maior envolvimento precisariam ser estabelecidos em qualquer acordo formal. Obviamente, não estamos tentando apresentar um documento legal abrangente. Nosso objetivo é simplesmente mostrar que quando as partes estabelecem um clima amigável e declaram a intenção de agir de forma civilizada e cooperar, as chances das contendas serem resolvidas de maneira fácil e rápida são maiores. Na visão de John Rutledge, economista e presidente de um banco mercantil: "Permitir que seu adversário numa transação saia com sua dignidade, seu humor e sua audição intactas e um bom acordo no bolso é a maneira certa de fazer negócios."[12]

Da teoria econômica

Adam Smith, o santo patrono da economia moderna, publicou seu livro pioneiro, *The Wealth of Nations*, em 1776. Nele, ele afirmou:

> Numa sociedade civilizada, ele necessita constantemente da ajuda e da **cooperação** (com a devida ênfase) de uma imensidade de pessoas, ao passo que toda a sua vida mal chega para lhe permitir conquistar a amizade de umas poucas ... Mas o homem precisa quase constantemente da ajuda dos seus irmãos, e seria vão esperar obtê-la somente da sua benevolência. Ele terá maior possibilidade de alcançar o que deseja se conseguir interessar o egoísmo deles a seu favor e convencê-los de que terão vantagem em fazer aquilo que deles se pretende. Dá-me o que quero e terás o que queres é o significado de cada proposta desse gênero; e é dessa forma que obtemos uns dos outros a maioria dos favores e serviços de que necessitamos.[13]

Mais à frente em seu tratado ele afirma:

> ... neste, assim como em muitos outros casos, ele é levado por uma mão invisível a promover um fim que não fazia parte do seu objetivo. Nem sempre isso é o pior para a sociedade. Na busca dos seus próprios interesses, freqüentemente ele promove também o interesse da sociedade, de forma mais eficaz do que se realmente tivesse a intenção de fazê-lo.[14]

Precisamos uns dos outros. Se mostrarmos às outras pessoas que nos ajudando elas estarão também ajudando a si próprias, elas o farão. A vida é mais gratificante e produtiva quando podemos contar com a ajuda dos outros e oferecer a nossa em retribuição. Com o tempo, o interesse pessoal esclarecido transforma o egoísmo em cooperação. Dada a nossa interdependência, uma metamorfose como esta enriquece o bem comum.

Aos negócios pragmáticos

Negócios e competição há muito são considerados sinônimos. Com o avanço fantástico das telecomunicações por meio de computadores, aparelhos de fax, telefonia celular, Internet, etc., os cidadãos de todo o mundo estão muito mais próximos e os líderes empresariais começaram a alterar alguns antigos pontos de vista sobre a maneira de conduzir suas atividades. Como John Naisbitt afirma em seu livro *Global Paradox*:

A competição e a cooperação se tornaram o yin e yang do mercado global. À semelhança do yin e yang, elas estão sempre procurando o equilíbrio e sempre mudando. A competição nós já conhecemos. Um dos impulsos da nova cooperação, as novas alianças estratégicas, é delimitar um pedaço do seu mundo no qual você concorda em cooperar com seu concorrente mais forte, que continua a ser seu concorrente.[15]

Como um exemplo de aliança estratégica de cooperação entre rivais tradicionais, pense numa firma chamada General Magic, sediada na Califórnia. Uma parceria formada originalmente entre as gigantes internacionais Apple Computer, AT&T, Matsushita Electric, Motorola, Philips e Sony, ela está empenhada em tornar as comunicações mais acessíveis e mais produtivas. Segundo Joanna Hoffman, da General Magic:

Há dez anos, estávamos na casa dos vinte e poucos anos e a indústria era bem diferente. Jamais pensávamos em cooperação. Iríamos conquistar o mundo... Atualmente, a indústria está muito mais complexa. Existe uma rede de relações por meio das quais as empresas cooperam e competem ao mesmo tempo.[16]

O mundo de bens e serviços oferece um bom exemplo do que pode ser realizado por meio de sistemas de cooperação. Até há pouco tempo, compradores que tratam seus fornecedores como seus próprios empregados era algo sem precedentes. O JIT II, a versão dos anos 90 do controle de estoque *just-in-time*, foi planejado para criar harmonia e eficiência entre comprador e fornecedor. Compartilhando dados como previsões de vendas atualizadíssimas, o JIT II se baseia em confiança mútua. No início, muitas vezes os dois lados ficam receosos de se abrirem demais e passarem informações confidenciais ou segredos tecnológicos. Sempre é possível que um fornecedor interno ouça conversas sobre os preços de um concorrente. Por outro lado, os fornecedores podem ser requisitados a revelar seus custos. Mas os benefícios gerados pela redução de suprimentos, eliminação de estoques excessivos e obtenção de dicas de um fornecedor bem informado sobre como diminuir os custos normalmente superam os possíveis problemas.

Na fábrica da Honeywell's Golden Valley Minnesota, quinze representantes de dez fornecedores, desde materiais impressos até componentes eletrônicos, trabalham perto da seção de produção. Ao supervisionar as compras para os produtos fabricados, eles procuram pensar como se fossem empregados da Honeywell, buscando constantemente novas maneiras de reduzir os custos. Entre os resultados da Honeywell incluem-

68 ♦ *Capitalismo Consciente*

se níveis de estoque medidos em dias e não em meses, uma redução de 25 por cento no número de funcionários do setor de compras e sugestões de como padronizar algumas partes para facilitar sua fabricação. Embora os fornecedores tenham uma liberdade considerável para fazer encomendas de estoques, o mau uso dessa autoridade poderia colocar em risco não apenas o negócio da Honeywell, mas também a reputação dos fornecedores. Embora esses esforços de cooperação não tenham sido bem-sucedidos em todos os casos, muitas das grandes empresas estão seguindo o modismo e fazendo experiências com esses sistemas voltados para o futuro.[17]

RELAÇÕES PÚBLICAS E COMPROMISSO PESSOAL

Em geral, a literatura e a propaganda da empresa são rápidas em alardear que ela está estimulando uma cultura cooperativa. Em alguns casos isso parece não passar de uma tentativa disfarçada de conquistar uma imagem pública positiva. Em outros, parece haver raízes mais profundas, que reflete uma verdadeira reavaliação do ambiente de negócios. A General Motors, por exemplo, diz ter adotado o espírito de cooperação em várias frentes. Junto com a Ford e a Chrysler, a GM fez acordos de pesquisa e desenvolvimento com o governo federal para a produção da próxima geração de veículos. Essa parceria reúne os recursos dos laboratórios do governo dos Estados Unidos, de várias universidades, de fornecedores e de fabricantes domésticos de automóveis com o propósito de viabilizar os avanços tecnológicos necessários para uma maior economia de combustível. Outros projetos de cooperação entre a indústria e o governo que geram benefícios sociais estão em curso em outras áreas de pesquisa e desenvolvimento pré-competitivos. Um recente relatório anual da GM declara de forma enfática: "Acreditamos que esses esforços em conjunto se mostrarão muito mais eficazes para se alcançar as metas de segurança, preservação ambiental e energia dos veículos do país do que as medidas reguladoras contenciosas e frustrantes de comando e controle dos últimos 25 anos." Eles prosseguem: "Estamos levando a sério esta nova ênfase na cooperação." Para reforçar essa afirmação, eles enumeram vários órgãos educacionais e ambientais com os quais estão ativamente envolvidos.[18] A amplitude do seu compromisso é notável. Com uma prestação de contas rigorosa exigida por vários dos seus parceiros, parece sensato dar à GM o benefício da dúvida e pressupor que suas intenções são sinceras.

A Cable and Wireless plc (CWP) é uma grande empresa multinacional. Ela atende consumidores em mais de cinqüenta países em cinco continentes e suas ações são comercializadas em oito bolsas de valores internacionais. A empresa ajudou na instalação do primeiro cabo de telégrafo transatlântico bem-sucedido na década de 1860 e até 1900 havia ligado cinco continentes. Com cerca de 40 por cento dos seus quarenta mil funcionários no Pacífico Asiático, 28 por cento no Reino Unido e na Europa e 24 por cento no Caribe, eles têm uma perspectiva verdadeiramente internacional. Uma diversificação geográfica dessas também lhes dá uma boa noção da interdependência do mundo e sem dúvida alguma um bom fundamento para expressar o seguinte ponto de vista: "O fato de estar 'lá fora no mundo' por tanto tempo desenvolveu um sentimento de cooperação e parceria no pessoal da Cable and Wireless — e hoje em dia essa é uma das maiores forças do grupo." Eles acreditam que o trabalho de grupo é sua tradição mais valiosa; indubitavelmente, foi um catalisador na decisão da empresa de fundar a Faculdade Cable and Wireless. Com um corpo docente composto por setenta professores, um dos seus objetivos primordiais é unir suas organizações multinacionais e multiculturais, para que a empresa possa criar uma rede de ensino em todo o mundo. Eles acalentam com entusiasmo a idéia de trabalhar em colaboração com outras organizações. A CWP tem mais de cinqüenta sócios, incluindo uma dúzia de governos, várias empresas locais e mais de 25 grupos de telecomunicações.[19] Parece sensato concluir que quanto mais uma empresa se expõe internacionalmente, maior sua tendência a trabalhar de forma cooperativa com seus funcionários, clientes e concorrentes.

VIBRAÇÕES DE COOPERAÇÃO

O desenvolvimento de sistemas de cooperação é uma decorrência natural da crença de que tudo está interligado e, portanto, possui uma interdependência. O Princípio Hermético da Vibração nos diz que a única diferença entre a miríade de objetos que identificamos pelos nossos sentidos é o ritmo com que eles vibram. Como afirmamos no Capítulo dois, há um substância universal que permeia todo o espaço e serve como um meio de transmissão. Ela une todas as formas de energia vibrante, in-

70 ♦ *Capitalismo Consciente*

cluindo aquelas que se manifestam como matéria física. Além do mais, todo estado mental é composto por vibrações. Logo, nada que fazemos ou pensamos está isolado. O Princípio da Vibração afirma ainda que a freqüência vibratória (número de oscilações periódicas) de qualquer objeto produz um sinal. Uma vez emitido, esse sinal é atraído para os objetos que vibram numa freqüência semelhante, ligando-se, dessa forma, como os pensamentos e as emoções.[20] Esse princípio pode ser a base para a ativação de várias funções psíquicas (psi). Acredita-se que a percepção psíquica englobe três classes: a telepatia (comunicação mente com mente), a clarividência (percepção de acontecimentos atuais, objetos ou pessoas que estão ocultos dos cinco sentidos) e a precognição (conhecimento de acontecimentos futuros que não podem ser percebidos por nenhum meio conhecido).[21] Durante mais de uma década, a partir do início dos anos 70, o governo dos Estados Unidos apoiou uma pesquisa sobre a psi na SRI International (antigo Instituto de Pesquisa Stanford). Um trecho extraído do relatório de 1981 de uma comissão do congresso mostra o que, para muitos, parecia ser uma conclusão surpreendente:

> Experiências recentes em visualização a distância e outros estudos na área da parapsicologia sugerem que existe uma "interconexão" da mente humana com as outras mentes e com a matéria... Experiências sobre a interconexão entre as mentes produziram alguns resultados encorajadores... O que ficou demonstrado por essas experiências é que a mente humana pode ser capaz de obter informações independentemente dos fatores de localização geográfica e tempo.[22]

Como tudo está entrelaçado através de um meio de energia vibrante, quando nos sintonizamos mentalmente com o ritmo das vibrações de um objeto podemos obter informações que transcendem as limitações "normais" de tempo e espaço. O desenvolvimento de um nível mais elevado de percepção intuitiva nos leva a atravessar as fronteiras que parecem nos separar dos inúmeros habitantes do planeta. Permeamos a natureza e somos permeados por ela. À medida que nos tornamos participantes conscientes da natureza, aumentamos nossas capacidades psíquicas. Russel Targ e Keith Harary descrevem a maneira como exercitamos nossa capacidade psíquica da seguinte maneira:

> O que estamos buscando não está acima ou além de nós, mas dentro de nós. Não é "mais elevado", mas mais profundo. Não está nas respostas tacanhas que às vezes damos a nós mesmos sobre o significado da vida, mas nas questões mais profundas que nos fazemos sobre quem somos. É a parte de nós que lembra sua par-

ticipação numa maior comunhão entre a humanidade e a natureza — a parte de nós que é psíquica.[23]

O controle e a manipulação do ritmo de vibração da matéria pode ser o segredo dos "milagres" encontrados na Bíblia e alhures. O livro *Mutant Message Downunder*, um campeão de vendas, gerou uma grande controvérsia, pelo menos em parte porque ele descreve como um aborígine australiano consolidou milagrosamente um osso fraturado.[24] É difícil confirmar essa história, mas a cura discutida no livro parece estar de acordo com outras discussões metafísicas a respeito de curas em várias partes da anatomia. Além do mais, parece que agora os cientistas compreendem as complexidades da consolidação dos ossos no nível celular. Robert Becker, cirurgião ortopédico e pesquisador, levou muitos anos para provar que minúsculas correntes elétricas aplicadas no local de uma lesão fazem com que as células das bordas de uma fratura saiam da sua condição de células maduras e voltem a um estágio preliminar, em que possuem uma maior capacidade de crescimento e regeneração. Essas células primitivas recuperam a potência que as células maduras perderam. Isso o levou a olhar além dos ossos, para outros tipos de cura, tais como a capacidade extraordinária que as salamandras têm de regenerar membros amputados. Becker concluiu que a regeneração dos membros das salamandras é a mesma da consolidação dos ossos nos seres humanos e, pelo menos em teoria, os homens deveriam ter a mesma capacidade. Em essência, todos os circuitos e aparatos necessários estão presentes; o problema é simplesmente descobrir como acender os interruptores certos para ativar o processo.[25] Os místicos afirmam que, se aprendermos a elevar os nossos níveis de vibração, o processo de cura pode ser acelerado "milagrosamente".

Recapitulando, nós evoluímos de um estado onde tudo parece estar separado e ser insuficiente, para um estágio onde reconhecemos que todos estamos firmemente ligados e que somos capazes de obter tudo aquilo de que precisamos. Como tudo faz parte de uma substância universal (análoga talvez à "mão invisível" de Adam Smith), estamos ligados de forma inalterável; nossos interesses são maximizados quando agimos com espírito de comunidade e boa vontade. Todos os tipos de atos de cooperação estão em concordância com a "verdade esquecida" da interdependência. O capítulo seguinte nos leva para mais longe na trilha espiritual e, ao fazer isso, resolve os dois outros problemas que se originam da crença na autonomia.

Notas

1. Daphna Moore. *The Rabbi's Tarot: Spiritual Secrets of the Tarot* (St. Paul, MN: Llewellyn Publications, 1992), p. 272.
2. Harman, p. 34.
3. Cynthia Joba, Herman Bryant Maynard, Jr. e Michael Ray. "Competition, Cooperation and Co-Creation: Insights From the World Business Academy", in *The New Paradigm in Business: Emerging Strategies for Leadership and Organizational Change*, org. Michael Ray e Alan Rinzler (Nova York: Putnam Publishing Group for the World Business Academy, 1993), p. 50. [*O Novo Paradigma nos Negócios*, publicado pela Editora Cultrix, São Paulo, 1996.]
4. "Can One Sell The Sky? Indian Asks", *Salt Lake Tribune*, 6 de junho de 1976.
5. Robert Augros e George Stanciu. "The New Biology", *Noetic Sciences Review*, inverno de 1989, pp. 4-8.
6. John C. Sawhill. "The Tangled Web We Weave", *Nature Conservancy*, maio/junho de 1992, p. 3.
7. Ibid.
8. Karen Pennar. "Why Investors Stampede", *Business Week*, 13 de fevereiro de 1995, p. 85.
9. Alfie Kohn. "The Case Against Competition", *Noetic Sciences Collection* de 1980 a 1990, p. 89.
10. Paul H. Rubin. "The High Cost of Lawsuits", *Investor's Business Daily*, 4 de março de 1996, p. 2(A).
11. *Integrity Agreement, Lawforms Uniform Agreement Establishing Procedures for Settling Disputes*, G-4 LawForms, pp. 4-80, 3-87.
12. John Rutledge. "The Portrait on my Office Wall", *Forbes*, 30 de dezembro de 1996, p. 78. Reimpresso com a permissão da revista *Forbes* © Forbes Inc. 1996.
13. Adam Smith. *An Inquiry into the Nature and Causes of the Wealth of Nations*, org. com introdução e comentário de Kathryn Sutherland. World Classics (Oxford: Oxford University Press, 1993), p. 22.
14. Ibid, p. 292.
15. John Naisbitt, *Global Paradox* (Nova York: Avon Books, 1994), p. 13.
16. Ibid, pp. 69-71.
17. Fred R. Bleakley. "Strange Bedfellows", *Wall Street Journal*, 13 de janeiro de 1995, p. 1(A).
18. General Motors Corporation. *1994 Annual Report* (Detroit, MI), pp. 11-12.
19. Cable and Wireless plc. *1994 Report and Accounts e Supplemental Brochure* (Londres), pp. 7, 20.
20. Norma Milanovich e Shirley McCune. *The Light Shall Set You Free* (Albuquerque, NM: Athena Publishing, 1996), p. 207. [*A Luz o Libertará*, publicado pela Editora Pensamento, São Paulo, 2000.]
21. Russel Targ e Keith Harary. *The Mind Race: Understanding and Using Psychic Abilities*, prefaciado por Willis Harman (Nova York: Villard Books, 1984), p. 53.
22. Ibid, p. 4.
23. Ibid, p. 244.
24. Marlo Morgan. *Mutant Message Downunder* (Lees Summit, MO: MM Co., 1991), p. 93.
25. Weil, p. 80.

·5·

A Aurora da Concriação

Acreditar que toda a humanidade está interligada e agindo num espírito de cooperação é um grande avanço sobre a visão de mundo de que estamos todos separados e, por esse motivo, precisamos nos engajar em lutas competitivas de ganho/perda. Entretanto, este não é o fim da jornada. O modelo metafísico de Willis Harman chama a atenção para a próxima mudança na nossa evolução. O estágio M-1, devemos nos lembrar, pressupõe que tudo vem da matéria. No estágio M-2, tanto o caráter matéria-energia como o caráter mente-espírito coexistem como aspectos de realidade iguais porém fundamentalmente diferentes. A humanidade, de modo geral, atualmente está começando a pensar em termos de uma cosmologia M-3, onde todas as coisas estão ligadas.[1] Dessa perspectiva, a única coisa que existe é a consciência. Toda matéria — animal, vegetal ou mineral — possui certo grau de percepção. Uma postura de M-3 aceita a visão de que não estamos apenas superficialmente ligados, mas somos, na realidade, parte integrante de uma consciência infinita e eterna. Platão expressou essa idéia com bastante eloqüência quando escreveu:

> O Senhor do universo dispôs todas as coisas com vistas à perfeição e à conservação do todo, só atuando cada parte ou deixando-se influir naquilo que lhe compete fazer dentro de suas possibilidades. A todas e a cada uma dessas partes foram designados diretores que decidem das mínimas ações por elas sofridas ou exercidas, o que contribui para a execução perfeita das menores minúcias. Tu também, infeliz, és uma partezinha que, a despeito de sua insignificância, está sempre vol-

74 ♦ *Capitalismo Consciente*

tada para o todo; mas, o que não percebes é que toda a geração só se processa em benefício do conjunto, a fim de ensejar-lhe vida feliz, e que o conjunto não foi feito para ti; tu é que nasceste para o todo.[2]

A realidade por trás do mundo fenomenal, como é descrito por Platão e por outros mestres de tradições esotéricas, não pode ser conhecida através dos sentidos físicos. Não há muita escolha, portanto, senão aceitar ou rejeitar a idéia de unidade, pelo menos inicialmente, com base na fé. Os sábios nos dizem, entretanto, que as portas para se compreender e experimentar a unicidade da vida se abrirão quando o desejo for suficientemente sincero e persistente. Dizem que vislumbres da realidade suprema nos serão revelados por meio dos nossos sonhos e da mitologia. Esses estados, livres dos grilhões da lógica e do bom senso, estão repletos de situações mágicas e paradoxais. Ricos em imagens e desprovidos de precisão, eles transmitem a maneira como os místicos experimentam a realidade de uma forma mais real do que aquela comunicada meramente pela linguagem.[3]

A sabedoria fundamental contida nos sonhos tem sido amplamente aceita por várias culturas desde os primórdios da civilização. Acreditava-se que aprendemos muito sobre nós mesmos e sobre a nossa relação com o universo quando nos sintonizamos com a realidade subjetiva dos sonhos. Os gregos e os romanos achavam que, quando o corpo estava adormecido, a alma ficava livre para viajar para esferas não-terrenas. Platão chamava essa esfera de *metaxu*, ou "o que está entre". Ali, a alma humana tinha experiências e confrontos sobrenaturais; era possível encontrar-se com os deuses, ver o futuro e curar-se de doenças. As culturas xamanistas entram em contato com o mundo dos sonhos com o mesmo propósito; os tibetanos trazem à luz informações sobre vidas passadas. Atribui-se também aos sonhos o poder de inspirar a criatividade. A estrutura do átomo foi revelada ao físico Neils Bohr durante um sonho; Mendelev, químico russo do século XIX, teve uma visão da tabela periódica dos elementos enquanto dormia. O artista William Blake recebeu um processo de gravação em cobre num sonho, técnica que lhe permitiu ganhar a vida graças a essa experiência mística. Enquanto dormia, o escritor Robert Louis Stevenson teve a idéia para o livro *The Strange Case of Dr. Jekyll and Mr. Hyde* e o poeta William Taylor Coleridge transcreveu parte de *Kubla Khan*, palavra por palavra, durante um sonho, até que foi interrompido. A lista de inspirações criativas obtidas em sonhos provavelmente é interminável. O essencial, entretanto, ficou claro para os antigos. Eles achavam que as revelações contidas nos sonhos eram dádivas dos deuses. Os sonhos eram encarados como um dos poucos meios pelos quais as mensagens divinas podiam ser transmitidas para criaturas terrenas.[4]

Muitos acreditam que as revelações sobre a natureza da realidade suprema são recebidas por certos profetas ou mensageiros que muitas vezes comunicam estas novas percepções por meio da reinterpretação de símbolos existentes. Em vez de transmitir crenças ou dogmas específicos, eles fornecem princípios para serem usados no nosso próprio desenvolvimento. O objetivo parece ser estimular uma reavaliação de valores e prioridades; o fato de olharmos profundamente para dentro de nós mesmos pode exercer um grande impacto na maneira de conduzirmos nossa vida.[5] Finalmente, às práticas da meditação é atribuído o poder de nos deixar penetrar no véu que esconde a beleza inefável, a harmonia e a unidade que os místicos há muito experimentaram.

Para aqueles que ainda não foram abençoados pela revelação divina mas ainda querem compreender o lugar que ocupam no universo, o Princípio de Correspondência pode ter um valor inestimável. Como sabemos, existe uma analogia e uma concordância entre todas as formas de manifestação. O que é válido para as amebas é válido para os homens e os seres mais evoluídos. O que é válido para a matéria é válido para a energia e para a mente. Conseqüentemente, o todo pode ser compreendido pelo estudo de suas partes, assim como o sistema solar pode ser conhecido pela análise dos átomos e das moléculas.[6]

Os símbolos pictóricos, ou que não utilizam a linguagem falada, são usados e compreendidos entre as culturas e servem como representações da correspondência entre planos de existência. Muitos desses símbolos antiquíssimos, que podem ativar reações inconscientes, correspondem a conceitos arquetípicos que atuam em todo o macrocosmo. De acordo com Carl G. Liungman, autor do *Dictionary of Symbols*, o pentagrama, uma estrela de cinco pontas, é um desses símbolos.[7] As cinco pontas são uma representação estilizada de uma pessoa com os braços estendidos. Esse ideograma representa tanto a humanidade primordial quanto a genérica. Em outras palavras, a estrela de cinco pontas simboliza os seres humanos como representações em miniatura do padrão de vida mais elevado do cosmos. Os cinco sentidos e os elementos são representados pelo pentagrama. Uma maçã cortada no sentido horizontal mostra cinco sementes na forma de um pentagrama. Portanto, não foi por acaso que várias culturas elegeram a maçã como a quintessência do conhecimento. Um exemplo bastante conhecido é a história apresentada em Gênesis. Quando Adão e Eva comeram a maçã, verificou-se uma mudança cataclísmica, obrigando-os a deixarem o jardim do paraíso e se tornarem seres autoconscientes, sujeitos às dualidades do bem e do mal. A Grande Pirâmide é um monumento matemático ao número cinco e, portanto, ao pentagrama. As pirâmides incorporam tanto as medidas celestiais quanto as terrenas na sua arquitetura e retratam o mistério da vida, bem como a relação entre o temporário e o eterno.[8]

As afirmações a seguir são oriundas de várias tradições espirituais, no entanto elas têm uma característica subjacente em comum. A diversidade das culturas e períodos históricos de onde elas foram tiradas fortalece a noção de que o Princípio da Correspondência pode ser uma parte relevante e significativa da nossa vida.[9]

A parte de fora é como a parte de dentro das coisas; o pequeno é como o grande.

... HERMES TRISMEGISTO

O que está aqui está em todo lugar.

... TANTRA VISVASARA HINDU

O macrocosmo é o microcosmo.

... DITADO SUFISTA DO SÉCULO XIII

O centro do mundo está em todos os lugares.

... BLACK ELK (curandeiro da tribo Sioux)

Deus é um círculo cujo centro está em todos os lugares e cuja circunferência não está em nenhum lugar.

... EMPÉDOCLES (filósofo grego)

...cada objeto no mundo não é simplesmente ele mesmo, mas abrange todos os outros objetos e, na verdade, é todas as outras coisas.

... SUTRA AVATAMSARA HINDU

Essas declarações antiquíssimas e o Princípio de Correspondência retratam exatamente o modelo holográfico do universo mencionado anteriormente. O físico David Bohm acredita que tudo no cosmos é feito de um tecido holográfico sem costura. Assim como cada porção de um holograma contém a imagem do todo, cada porção do universo abarca o todo. Cada célula do nosso corpo envolve todo o cosmos assim como acontece com cada flor, cada grão de areia e cada gota de chuva. Separar a realidade em partes e dar nome a elas nos ajuda, de certa forma, a analisar e compreender o universo. Se exagerarmos, podemos ser induzidos ao erro. As partículas subatômicas, assim como tudo o mais que existe, não estão mais separadas umas das outras do que os diferentes motivos de uma tapeçaria. Pode-se dizer, portanto, que nossa tendência para fragmentar o mundo e ignorar a ligação íntima entre todas as coisas é responsável por muitos dos nossos problemas: no campo da ciência, nos nossos relacionamentos pessoais e profissionais e nas nossas interações religiosas e culturais.[10]

Embora muitas pessoas afirmem que acreditam na idéia de que todos somos um só, parece ser muito mais difícil colocar isso em prática, sobretudo de forma incondicional e sem exceções. Todos nós temos problemas com alguns de nossos amigos ou conhecidos e provavelmente conhecemos alguém que se comporta de maneira execrável e certamente não merece nosso carinho e dedicação. O rabino Shmelke, um mestre hassídico, responde a um discípulo:

> Certa vez perguntou um discípulo ao rabino Shmelke: — É mandamento: "Ama teu semelhante como a ti mesmo." Como posso cumpri-lo, se meu semelhante me faz mal?
>
> O rabino respondeu: — Precisas compreender bem as palavras: Ama teu semelhante como alguma coisa que tu mesmo és. Porque todas as almas são uma só; cada qual é uma centelha da primeira alma e ela está em todas as outras, assim como a tua alma está em todos os membros do teu corpo. Pode acontecer que tua mão se engane e golpeie a ti mesmo; será que então tomarás de um pau e castigarás tua mão, por lhe faltar discernimento, aumentando assim a sua dor? O mesmo acontece quando teu semelhante, que é, contigo, uma só alma, te faz mal por falta de entendimento; se lhe pagas na mesma moeda, causas dor a ti mesmo.
>
> O discípulo continuou a perguntar: — Mas, se vejo um homem que é mau perante Deus, como posso amá-lo?
>
> — Não sabes — disse o rabino Shmelke — que a alma original veio da própria essência de Deus e que toda alma humana é parte de Deus? E não terás piedade dele, vendo que uma de suas centelhas sagradas perdeu-se no emaranhado e está quase sufocada?[11]

O rabino está nos dizendo que, seguindo essa regra de ouro, agimos em nosso próprio interesse. O problema de outra pessoa, no final, se torna nosso problema se o ponto de divergência não for resolvido de forma satisfatória. Além disso, nossos supostos adversários muitas vezes nos são de maior valia do que nossos amigos. No *Tao Te Ching*, Lao Tzu torce essa idéia de maneira interessante, "O que é o homem bom senão o mestre do homem mau? O que é um homem mau senão o trabalho do homem bom?"[12] Nossos "tiranos mesquinhos", termo usado nos livros de

78 ♦ *Capitalismo Consciente*

Carlos Castañeda para simbolizar nossos antagonistas, nos dão apenas o que precisamos; uma pessoa sábia é grata pela presença deles.

Num nível físico, se menosprezamos uma dor no nosso corpo, ela piora até lhe darmos atenção. Na sociedade de modo geral, se ignoramos os "miseráveis", enfrentamos o crime, as drogas e os custos elevados da assistência social. Se nos preocuparmos com a poluição apenas da praia que freqüentamos, os peixes que consumimos da praia vizinha logo ficarão contaminados. Até que um número suficiente de seres conscientes aceitem o modelo holográfico que afirma que todos somos um, todos sofreremos as conseqüências.

OS NEGÓCIOS NUM UNIVERSO HOLOGRÁFICO

Uma empresa, da mesma forma, é um organismo holográfico, e depois de termos superado o pensamento dualístico segundo o qual existe uma separação entre mente e matéria, começamos a reconhecer que os problemas aparentemente isolados num empreendimento muitas vezes são o reflexo da saúde de toda a organização. Onde é que o sistema não está funcionando? Onde é que ele está deixando de fornecer uma atmosfera capaz de gerar trabalhadores satisfeitos e produtivos? Quantos empregados estão sendo afetados e quanto tempo e energia poderiam ser economizados se o ambiente de trabalho e a visão da empresa fossem alterados? Adotando um modelo holístico, os líderes de uma empresa podem estabelecer uma conexão com toda a organização, concentrando-se numa pequena parte dos trabalhadores. Um grupo representativo de empregados pode atuar como a equipe que toma as decisões para todo o empreendimento. A rigor, o pensamento holográfico nos estimula a reavaliar nossa percepção sobre quem são, na verdade, os líderes de uma organização. O fato de permitir que empregados de todos os níveis assumam uma responsabilidade maior e tenham maior autoridade muitas vezes eleva o nível de motivação, criatividade e produtividade em toda a organização.[13]

Assim como a cooperação prevalece sobre a competição quando passamos da idéia de separação para a de conexão, a concriação se torna um fator importante no ambiente de trabalho quando o conceito de estar intimamente ligado substitui o de estar superficialmente ligado. Existem algumas linhas indistintas entre a cooperação e a concriação. Na cooperação, as fronteiras são mais rigorosas, ao passo que na concriação elas são abertas, permitindo a realização de um efeito sinérgico ou de fusão. Como mencionamos anteriormente, apesar de uma organização ser estabelecida para funcionar de forma concriativa, a competição e a cooperação permanecem. A concriação pode evocar um grau mais elevado de inovação e entusiasmo, mas exige concessões e renúncias por parte dos participantes. Ela exige também que não se fique preso aos resultados. Finalmente, os participantes precisam reconhecer o fato de que é normal precisar da ajuda de outras pessoas. Portanto, o ideal indubitavelmente é uma combinação destes três métodos de interação — competição, cooperação e concriação. Embora de maneira geral as empresas em início de operação e as firmas criativas estejam dispostas a se organizarem de forma concriativa, os empreendimentos maiores também estão começando a tomar esse rumo.[14]

ABERTURA PARA A CONCRIAÇÃO

O sucesso de um empreendimento está diretamente ligado à produtividade, à criatividade e à motivação de seus empregados. Para satisfazer os trabalhadores e torná-los mais eficientes, um número crescente de empresas vem adotando, ao longo da última década, uma nova abordagem para se comunicar e se relacionar com os empregados. Essa abordagem é chamada de "administração transparente" e consiste em ensinar a todos os que constam da folha de pagamento a compreenderem, monitorarem e, o que é mais importante, assumirem a responsabilidade pelo desempenho financeiro da empresa. As empresas que adotam essa prática esperam que os empregados pensem e ajam como proprietários e não como pessoas que simplesmente trabalham oito horas por dia e depois vão para casa. Para estimular um nível de empenho elevado, a administração transparente deixa que todos os empregados tenham acesso aos registros da empresa e uma participação significativa nos lucros. Dessa maneira, os objetivos da administração e dos trabalhadores ficam em harmonia, criando a estrutura ideal para a busca de atividades concriativas.

Não é fácil para a administração tomar a decisão de abrir os balanços financeiros para todos os empregados. Tornar amplamente acessíveis as informações que antes eram mantidas em caráter confidencial requer coragem e diminui o poder do patrão de controlar e dominar os empregados. De certa forma, todos os diretores viram empregados e to-

80 ◆ *Capitalismo Consciente*

dos os empregados viram diretores. O incentivo para se tomar uma iniciativa tão radical muitas vezes tem origem numa crise financeira. À beira da falência, normalmente restam poucas opções. Foi esse o caso de duas das empresas mais conhecidas que adotaram esse tipo de administração, a Cin-Made Corporation, fabricante de tubos compostos de metal e papelão, e a SRC, fabricante de motores.

Ao contrário do que se poderia pensar, a abertura dos balanços financeiros nem sempre é recebida com entusiasmo pelos empregados. Eles passam a ter novas responsabilidades e deveres, incluindo muitas vezes estabelecer seu próprio planejamento de produção, assumir a responsabilidade pela compra de materiais e decidir sobre contratações. Na SRC, por exemplo, os mecânicos decidiram fazer hora extra em vez de recorrer a novas contratações para o preenchimento de duas vagas que surgiram. O treinamento de novos empregados é dispendioso — consumindo uma parte expressiva do que é destinado a eles no regime de administração transparente. Todos os empregados precisam compreender os balanços financeiros, algo que aqueles que não entendem de contabilidade podem achar difícil, se não intimidante. Resumindo, todos têm de começar a pensar como proprietários. Para se obter êxito, deve-se estabelecer um alto grau de confiança entre todos os empregados, pois é preciso tempo para aprender novas aptidões e paciência para perceber os benefícios financeiros e psicológicos disso.

Esse sistema pode trazer enormes ganhos. A histórica relação antagônica entre a administração e os trabalhadores cessa, quase por definição. O absenteísmo e a rotatividade dos empregados tendem a diminuir e o estado de espírito, com certeza, a se elevar. As responsabilidades extras desafiam os empregados e eles ficam mais orgulhosos de seu trabalho, pois sentem-se indispensáveis e mais valorizados. Por último, e nem por isso menos importante, os lucros inevitavelmente aumentam para o benefício de todos. No caso da Cin-Made, a empresa deixou de ser uma catástrofe financeira e passou a ser bastante lucrativa. A SRC parou de dar prejuízo e se transformou numa empresa capaz de atingir lucros operacionais de 6 por cento num setor da indústria onde as margens de lucros são extremamente pequenas.[15]

SATURNO — UMA "ESTRELA" CONCRIATIVA

Em 1981, a General Motors estava sofrendo os efeitos de uma recessão prolongada, de uma acirrada competição estrangeira e de relações pouco amistosas com os trabalhadores. A empresa estava perdendo dinheiro e teve de despedir perto de 170.000 empregados sindicalizados. Para enfrentar esse desafio, a GM reuniu uma equipe formada por pessoas de vários departamentos com o intuito de apurar se seria viável tecnologicamente o desenvolvimento de um carro de pequeno porte nos Estados Unidos. O grupo foi chamado de Projeto Saturno. Utilizando uma abordagem "nova em folha" não delimitada pelo pensamento tradicional e pelas práticas comuns à indústria, a GM e o Sindicato dos Trabalhadores da Indústria Automobilística (United Auto Workers, UAW) reconheceram a necessidade de se adotar novas abordagens nas relações entre o sindicato e a administração. No total, foram reunidas 99 pessoas da GM e da UAW.[16] A filosofia sob a qual a equipe operava era a seguinte:

> Nós achamos que todas as pessoas querem participar das decisões que lhes dizem respeito, zelar pelo seu emprego, orgulhar-se de si próprias e da sua contribuição e compartilhar o sucesso de seus esforços. Criando uma atmosfera de confiança e respeito mútuos, reconhecendo e utilizando as habilidades e conhecimentos individuais de formas inovadoras, oferecendo tecnologia e cursos para todos, desfrutaremos de um bom relacionamento e da sensação de pertencermos a um sistema integrado capaz de alcançar metas em comum que garantam segurança para todos e sucesso para o negócio e a comunidade.[17]

No dia 25 de outubro de 1990, sete anos depois de o Projeto Saturno ter sido anunciado publicamente, os primeiros carros foram colocados à venda nas revendedoras. Em 1991, o Saturno liderou a venda de carros novos, a primeira vez em quinze anos que uma marca americana liderava a lista de carros mais vendidos. Em 15 de abril de 1992, o Saturno recebeu, pelo segundo ano consecutivo, o prêmio de "Melhor Carro Pequeno do Ano de Acordo com o Consumidor", concedido pela Motorweek/PBS Television. Em maio de 1993, foram reportados os primeiros lucros mensais operacionais. Em junho de 1994, 16 por cento de todos os clientes Saturno participaram da "Visita à Saturno" em Spring Hill, Tennessee, quando excursionaram pela fábrica, conheceram os operários e se confraternizaram com outros proprietários.[18] Desde o primeiro ano de fabricação, o Saturno tem recebido sistematicamente uma alta pontuação da J. D. Power and Associates, em várias

82 ♦ *Capitalismo Consciente*

categorias de carros novos, conseguindo um registro na Pesquisa de Índice de Satisfação na Venda de Carros Novos em 1995.[19] Em 1996, o Saturno empatou em primeiro lugar com o Lexus, um carro de luxo da Toyota, numa pesquisa sobre satisfação do consumidor realizada pela J. D. Power.[20] Num comunicado à imprensa em maio de 1997, a Strategic Vision, firma de pesquisas sediada em San Diego, relatou que o Saturno continuava a liderar o Prêmio de Qualidade Total das Revendedoras, concedido por essa empresa na categoria de carros com preço abaixo de 20.000 dólares.[21]

Quais são as características da parceria administração-sindicato do Saturno que permitiu todas essas importantes realizações? Os pontos-chave estão relacionados abaixo:

- ♦ O enfoque é a segurança no emprego a longo prazo e não o lucro a curto prazo.
- ♦ As necessidades das pessoas estão em equilíbrio com a tecnologia e com os sistemas de operação.
- ♦ Os trabalhadores devem ter a oportunidade de ter dignidade, satisfação pessoal e sentimento de valor.
- ♦ A produtividade e a qualidade são meios de melhorar o padrão e a qualidade de vida de todos.
- ♦ Os trabalhadores e seus representantes participam da administração da empresa.
- ♦ O processo de tomar decisões e a autoridade são descentralizados por meio da delegação de poderes aos trabalhadores.
- ♦ A voz do trabalhador é sempre reconhecida como legítima e expressiva em todos os níveis do processo de tomar decisões.
- ♦ É essencial que seja providenciado um local de trabalho seguro.
- ♦ O orgulho e a lealdade à empresa e ao produto são evidentes.
- ♦ O objetivo é a obtenção de um retorno razoável dos investimentos.
- ♦ As divergências são administradas de forma construtiva, sem hostilidades.[22]

Parte importante do sucesso dessa empresa automobilística inovadora é atribuída ao fato de que desde o início a Saturno atuou de maneira cooperativa e concriativa. Atualmente, um acordo coletivo pioneiro delega poderes a trabalhadores em todos os níveis. Comparado com contratos feitos com outros empregados da GM, os trabalhadores da Saturno têm uma visão muito maior da situação financeira da empresa e um maior controle sobre as operações diárias. Por meio de um sistema de administração transparente em escala decrescente, a Saturno estabeleceu um acréscimo de até 10% no salário do empregado, condicionado ao cumprimento das metas de produção.[23]

O Projeto Saturno era muito mais ambicioso e abrangente do que os outros esforços de cooperação da General Motors. A colaboração da GM com a Ford, com a Chrysler e com vários órgãos do governo, descrita no capítulo anterior, delimitou os objetivos, deixando pouca margem para quaisquer efeitos sinérgicos em grande escala. Com a Saturno, entretanto, a confiança desenvolvida entre a administração e os trabalhadores gerou inúmeros benefícios adicionais. Dizem que discussões sobre maneiras alternativas de se trabalhar ecoavam pelos corredores da empresa. Quando perguntado sobre um programa de "idéias novas", o empregado respondia: "Novas idéias fazem parte do meu trabalho. Não há necessidade de nenhum incentivo."[24] Além do mais, há um entendimento informal de que todos os empregados devem ficar de olho no consumidor. Isso abrange tudo, desde perguntar às pessoas na rua como é que elas gostariam que seus carros fossem até assumir a responsabilidade pessoal de propagar para os vizinhos e parentes as qualidades do carro. Portanto, os empregados da Saturno se transformaram em representantes de *marketing* gratuitos da empresa.

Este sentimento de responsabilidade se extravasa virtualmente para todos os relacionamentos formados pela empresa, do ambiente à sua volta, aos seus varejistas e clientes. Até mesmo os fornecedores, a quem as empresas muitas vezes vêem mais como inimigos do que amigos, desempenham um papel de concriação na Saturno. A Titan Service, uma firma que projeta e fabrica ferramentas e máquinas sob encomenda, de acordo com as especificações do cliente, sugeriu no início das sessões de discussão que seu pessoal fosse colocado diretamente no chão da fábrica. Atualmente, metade dos seus funcionários trabalham na fábrica da Saturno. Segundo afirma Christy Hoffmann, um desses empregados da Titan: "Representa muito mais do que apenas um trabalho a ser realizado. Isso entra no sangue — o coração se envolve. As pessoas que trabalham na equipe acabam representando muito para você. A gente é capaz de fazer qualquer coisa por elas."[25] Portanto, todas as pessoas ligadas à Saturno acabam se sentindo parte de uma equipe que atua sob o mesmo princípio: "Nós, a equipe Saturno, de comum acordo com o Sindicato dos Trabalhadores da Indústria Automobilística e com a General

Motors, acreditamos que satisfazer as necessidades dos clientes, fornecedores, revendedores e vizinhos é um fator fundamental para cumprir nossa missão."[26] Logicamente, tudo gira em torno de pessoas. Falando na Stanford University, Jack O'Toole, vice-presidente do Sindicato dos Trabalhadores da Indústria Automobilística que estava bastante engajado no Projeto Saturno, fez as seguintes observações:

> Nos últimos sete anos, nós nos convencemos de que a máquina com maiores recursos tecnológicos que uma empresa pode utilizar é a humana. A empresa modelo do século XXI será aquela que utilizar por completo os talentos e o potencial de todos os trabalhadores... As pessoas precisam adotar a atitude certa se quiserem fazer um trabalho de nível internacional. Não basta apenas mostrar-lhes o processo e a maneira de operá-lo — a empresa do século XXI tem de incutir-lhes o desejo de fazer um trabalho de nível internacional. O desejo de se superar tem de vir de **dentro** (com a devida ênfase).[27]

O QUE HÁ POR DENTRO?

Como sabemos, num estado de separação nós nos identificamos com o nosso corpo. Isso é compreensível, pois confiamos nos cinco sentidos para nos alimentar e nos alertar de predadores em potencial. De uma maneira ou de outra, quase todos os momentos conscientes eram despendidos na luta pela nossa sobrevivência física. Então, à medida que a civilização evoluiu e a subsistência diária deixou de ser uma questão tão preocupante, mudamos nossas prioridades para a gratificação dos sentidos. Acreditamos que, se pudermos adquirir e acumular um maior número de bens, ficaremos felizes e satisfeitos. Segundo a lei dos rendimentos decrescentes, entretanto, os prazeres físicos não nos trazem o significado e a satisfação que havíamos esperado; eles são demasiado transitórios e superficiais. Quando percebemos que somos parte de um organismo vivo, eterno e infinito, tanto a sobrevivência quanto a sensação de gratificação tornam-se menos importantes e um anseio por uma compreensão e um significado mais profundos começa a prevalecer. Em vez de dirigir nossa atenção quase que exclusivamente para o corpo, começamos a ver além do veículo físico, para o que permanece depois que o corpo se desintegra e a personalidade "morre".

O nome dado a este "centro de expressão" eterno varia de cultura para cultura. No Ocidente normalmente ele é chamado de alma, a essência duradoura ou centelha divina que está presente em tudo na vida.

Ela está permanentemente lutando para ficar em harmonia com as leis do universo, não faz julgamentos, não tem temores e existe fora das fronteiras de espaço e tempo. Ela tem um profundo respeito por toda a vida e, à medida que nos sintonizamos com ela, atraímos tudo o que é necessário. O significado literal da palavra hindu "ioga" é união, mais especificamente, com nossa essência eterna. Dizem-nos que, quando alcançamos essa união, eliminamos a dor e a confusão e as substituímos por reflexão interior, contentamento e segurança. Até mesmo os problemas da vida tornam-se desafios prazerosos, pois quando lidamos com eles temos uma sensação de habilidade, força e capacidade criativa.[28] Talvez o mais importante seja que quando experimentamos uma ligação íntima com a fonte da vida, o conhecimento preciso do lugar que ocupamos no universo nos é revelado.

A REDUÇÃO DOS PADRÕES DE VIDA

Como chegamos ao ponto de querer reverter nossas prioridades, passando da preocupação com os estímulos físicos e externos para um estado onde somos atraídos para esforços internos e espirituais? A filosofia perene de todas as tradições sagradas nos diz, de várias maneiras, para "conhecer a ti mesmo". Inúmeras afirmações que enfatizam essa idéia já foram citadas anteriormente, retiradas de inúmeros escritos religiosos. Quando observamos e ficamos conscientes de todos os nossos pensamentos e ações, expandimos nossa consciência por meio da autodescoberta. Não existe ambiente melhor para nos conhecermos do que aquele no qual ganhamos a vida; ele nos dá oportunidades ilimitadas de perceber o que nos motiva, nos atemoriza, nos deixa furiosos e nos estimula. Na cultura ocidental dos dias de hoje, o elemento central dos negócios e da economia é o dinheiro. Citando o filósofo Jacob Needleman:

> Nos tempos modernos, o dinheiro é puramente uma força secular que reflete a natureza mais baixa do homem. Sem nenhuma relação com a aspiração espiritual, ele se tornou o exemplo mais óbvio de um incêndio que fica fora de controle. Nosso desafio é trazer o dinheiro de volta para o lugar que ele ocupa na vida do homem... E este lugar é *secundário*. Nosso objetivo é compreender o que significa fazer com que o dinheiro ocupe uma posição secundária na vida. Como o principal representante da natureza mais baixa, do corpo exterior, físico do homem, o dinheiro, assim como o corpo, tem de ocupar uma posição secundária,:...

86 ◆ *Capitalismo Consciente*

E se o dinheiro deve ter um papel secundário em nossa vida, isso significa apenas que ele serve ao objetivo do autoconhecimento.[29]

Isso quer dizer que o dinheiro deveria ser usado como um instrumento para nos estudarmos da maneira que somos e que podemos vir a ser. Dessa forma, aprendemos a distinguir as coisas de que precisamos verdadeiramente e que servem para o nosso bem e as que nos mantêm presos à satisfação dos nossos sentidos e a uma vida em estado de medo e enfermidade. Quando nosso discernimento amadurece a ponto de compreendermos que mais bens e serviços não estão nos trazendo o que queremos, somos compelidos a olhar outras coisas. Aos poucos, nos voltamos para dentro de nós mesmos, onde encontramos oportunidades ilimitadas para expandir a nossa percepção e a compreensão de quem somos e o que estamos fazendo aqui. Essas experiências não estão sujeitas a retornos decrescentes; elas liberam e gratificam.

Um número cada vez maior de pessoas está começando a se surpreender nessa encruzilhada. Imagens de Hermes, deus das estradas e protetor dos viajantes, há muito têm sido colocadas em postes e placas de sinalização ao longo de rodovias e em todos os cruzamentos perigosos. A orientação constante de Hermes para as pessoas que se encontram num ponto crítico da vida é buscar o equilíbrio, encontrar um meio-termo ou um caminho intermediário em todas as coisas.[30] Vale a pena dar ouvidos a esse conselho quer a questão diga respeito ao sagrado, quer diga respeito ao profano. Ultimamente, muitos dos aspectos espirituais da vida estão ficando em primeiro plano. Um artigo de capa na revista *Newsweek*, intitulado "The Search for the Sacred: America's Quest for Spiritual Meaning", expôs provas significativas de que existe um profundo anseio por uma dimensão sagrada na vida. Cinqüenta e oito por cento das pessoas pesquisadas pela revista disseram que sentem necessidade de crescer espiritualmente. Um terço dos adultos disseram ter tido alguma experiência mística ou religiosa. A revista atribuiu esse anseio por um significado a vários fenômenos culturais que vão desde a geração de *baby-boomers* que atingiu a fase contemplativa da vida a uma insatisfação generalizada com o materialismo do mundo moderno. De acordo com esse artigo, os americanos parecem estar buscando uma harmonia com a ordem cósmica e um sentimento de comunhão com a sua fonte.[31]

A pesquisa conduzida por Gerald Celente, diretor do Instituto de Tendências e Pesquisas (*Trend Research Institute*) em Rhinebeck, Nova York, reitera e atualiza essas descobertas. Cada vez mais pessoas estão tentando se concentrar nas questões realmente relevantes de sua vida. Como parte desse renascimento espiritual, os estudos de Celente descobriram que cerca de quatro milhões de *baby-boomers* começaram a adotar uma simplicidade voluntária, concentrando-se mais na qualidade de sua vida do que no acúmulo de bens.[32] Algumas das mudanças mais comuns abrangem a redução da carga horária de trabalho, a mudança para um emprego de remuneração menor e a demissão do trabalho para ficar em casa. A grande maioria daqueles que fizeram mudanças deste tipo afirma que está satisfeita com a decisão que tomou e, em contraste com a população como um todo, está mais feliz do que seus pais eram quando tinham a mesma idade. Uma mulher de Los Angeles descreveu sua decisão de "reduzir seu padrão" da seguinte maneira:

> Quando comecei a galgar postos na empresa, cheguei à conclusão de que estava odiando cada vez mais meu emprego e levando cada vez mais trabalho para casa... Eu já estava contratando pessoas para lavar minhas roupas, cuidar dos meus filhos e limpar minha casa. Então, mudei de profissão e meu salário diminuiu. Vendi o carro e comprei um Ford Falcão 65... E estou muito mais feliz. Trabalho a dois quarteirões de casa e estou fazendo algo de que realmente gosto.[33]

Depois de observar durante várias décadas o modo como eu, bem como vários dos meus clientes, reagimos às oscilações no valor dos ativos financeiros, convenci-me de que existe pouca correlação entre a quantidade de dinheiro que as pessoas têm e seu sentimento de felicidade ou realização. Alguns clientes levam uma vida despreocupada e expressiva com rendas relativamente modestas; outros têm muito mais e nunca acham que é o bastante. Da mesma maneira, aqueles que herdaram dinheiro suficiente para proporcionar um grande número de confortos materiais muitas vezes estão sempre desnorteados e descontentes. Quando descobrimos que os bens materiais não nos dão a paz e o contentamento que almejamos, começamos a olhar para outras coisas.

Ao reorientar sua vida, deixando de se orientar quase que exclusivamente por atividades dirigidas para fora e concentrando-se em esforços mais equilibrados voltados para dentro, as pessoas que "reduzem seu padrão de vida" estão seguindo o conselho de Hermes e descobrindo uma vida muito mais satisfatória. Essa transformação terá efeitos profundos em todos os aspectos da vida, mas nenhum é mais notável do que no mundo dos negócios. De acordo com Gary Zukav, autor do *best-seller* aclamado internacionalmente *The Dancing Wu Li Masters*:

88 ◆ *Capitalismo Consciente*

À medida que as pessoas do meio empresarial reconhecerem que são almas imortais e sentirem dentro de si mesmas a mudança da busca do poder exterior — a capacidade de manipular e controlar — para a busca do autêntico poder — o alinhamento da personalidade com a alma... todas as relações entre os negócios serão definidas pela capacidade que cada empreendimento tem de contribuir com a Vida e ajudar outros empreendimentos a fazerem o mesmo. As negociações não se concentrarão num maior controle, mas no fornecimento de recursos. As reuniões não serão realizadas com o intuito de explorar as fraquezas do concorrente, mas sim de fortalecer os amigos. Por meio de avaliações, se determinará qual o empreendimento mais apto a suprir as necessidades da sociedade e de que maneira ele pode ser apoiado pelos outros.[34]

Uma transformação de grandes proporções prevista pelos sábios e pelos profetas e anunciada por vários meios de comunicação está prestes a acontecer. Apesar de muitos permanecerem céticos, aqueles que ajustam seu comportamento para se harmonizar com as novas realidades estão propensos a colher os benefícios. O Princípio de Causa e Efeito está em ação em todas as épocas e em todos os lugares.

Revendo o passado

Vamos rever tudo o que foi apresentado. Nós evoluímos de um estado de isolamento, onde vários erros lastimáveis são cometidos, para um estágio onde despertamos para algumas das interconexões da vida e, mais tarde, para um ponto onde vemos unidade em tudo o que existe. Esses três estágios, com algumas das diferentes terminologias usadas para descrever esta progressão, estão resumidos no Quadro 5-1.

Durante o processo de evolução, os seres humanos aprendem com os problemas que eles próprios criaram e, conseqüentemente, reconhecem que são almas eternas e não corpos temporários. O objetivo mais gratificante então passa a ser uma maior percepção consciente e não maior satisfação física. Passamos a nos ver como uma parte pequena porém essencial de um organismo vivo e percebemos que pelo Princípio da Correspondência podemos compreender qual o lugar que ocupamos no macrocosmo. Estudando uma parte, podemos conhecer o todo, assim como o exame minucioso de uma célula nos dá informações sobre todo o nosso corpo.

Quadro 5-1 Humanidade e Negócios — Evoluindo Juntos

PRIMEIRO ESTÁGIO	SEGUNDO ESTÁGIO	TERCEIRO ESTÁGIO
Competição	Cooperação	Concriação
Separado	Conectado	Unido
M-1	M-2	M-3
Egoísmo	Percepção Social	Responsabilidade Global
Corpo	Corpo/Mente	Alma

OLHANDO CONSCIENTEMENTE PARA O FUTURO

Desde a queda do comunismo no final da década de 80, o sistema de livre iniciativa tem sido adotado em diversos países em todo o mundo. A maioria das pessoas sabe que o capitalismo é um sistema econômico que se baseia no mercado, onde os meios de produção e distribuição pertencem à iniciativa privada e são por ela controlados. Esse é o sistema que parece melhor refletir a natureza multidimensional e de livre fluxo da vida, sendo, portanto, capaz de encontrar soluções responsáveis, flexíveis e eficazes para os problemas de uma economia dinâmica e em expansão. O que muitos não percebem é que o capitalismo pode ter várias configurações, indo desde a competição implacável, passando pela cooperação seletiva até a parceria concriativa. Dependendo das circunstâncias, uma combinação dessas três maneiras de atuar irá maximizar o desenvolvimento econômico. O capitalismo consciente, que reflete os aspectos mais elevados da natureza humana e respeita a interdependência da vida, baseia-se na compreensão de que é essencial que os relacionamentos sejam harmoniosos para que todos possam ter um sentimento de satisfação e bem-estar. Assim sendo, a concriação e a cooperação obrigatoriamente desempenham um papel de destaque. Como demonstraremos de forma mais detalhada nos próximos capítulos, as empresas que praticam o capitalismo consciente não apenas "fazem o bem" para a sociedade, mas "fazem bem" para todos aqueles que têm interesse nelas. O mais importante, e talvez paradoxal, é que os maiores beneficiários do capitalismo consciente são os sócios e/ou proprietários das empresas. Vejamos por que isso acontece.

Notas

1. Harman, p. 34.
2. Platão. *The Dialogues*, Vol. IV, Laws X, trad. por B. Jowet, 4ª ed. (Oxford: Clarendon Press, 1964), p. 474. [*Diálogos*, publicado pela Editora Cultrix, São Paulo, 1964.]
3. Capra, p. 29.
4. Rosemary Ellen Guiley. *The Encyclopedia of Dreams: Symbols and Interpretations* (Nova York: Berkley Books, 1995), p. xii.
5. Breton e Largent, pp. 130-133.
6. *The One and the Many*, p. 11.
7. Carl G. Liungman. *Dictionary of Symbols* (Santa Barbara, CA: ABC-CLIO, 1991), p. 44.
8. Dusty Bunker. *Quintiles and Tredeciles: The Geometry of the Goddess* (West Chester, PA: Whitford Press, uma divisão da Schiffer Publishing, Ltd, 1989), pp. 27-28.
9. Michael Talbot. *The Holografic Universe* (Nova York: Harper-Collins, 1991), pp. 290-292.
10. Ibid, pp. 48-49.
11. Martin Buber, org., *Tales of the Hasidim*, ed. rev. em 1 vol. (Nova York: Schocken Books, 1975), p. 190.
12. Novak, p. 147.
13. Carol Sanford. "A Self-Organizing Leadership View of Paradigms", in *New Traditions in Business: Spirit and Leadership in the 21st Century*, org. John Renesch (San Francisco: Berrett-Koehler Publishers, 1992), pp. 204-205. [*Novas Tradições nos Negócios*, publicado pela Editora Cultrix, São Paulo, 1996.]
14. Joba, Maynard, Jr. e Ray, pp. 50-56.
15. Jaclyn Fierman. "Winning Ideas from Maverick Managers", *Fortune*, 6 de fevereiro de 1995, p. 68.
16. Jack O'Toole e Jim Lewandowski. "Forming the Future: The Marriage of People and Technology at Saturn," apresentado na Stanford University Industrial Engineering and Engineering Management (Palo Alto, CA: 29 de março de 1990), reproduzido pela Saturn Corporation, Spring Hill, TN, p. 2.
17. Ibid, p. 3.
18. *Important Dates in Saturn History* (Spring Hill, TN: Saturn Corporation, 1995), pp. 2-9.
19. "JD Power Initial Quality Rankings", *USA Today*, 8 de maio de 1996, p. 2(B).
20. "Saturn, Lexus Customers Found to Be Most Satisfied in Survey". *Investor's Business Daily*, 14 de junho de 1996, p. 15(B).
21. "When It Comes to Service, General Motors Tops All", *Investor's Business Daily*, 28 de maio de 1997, p. 2(A).
22. Michael E. Bennett. "The Saturn Corporation: New Management-Union Partnership at the Factory of the Future", *Looking Ahead*, XIII, 4 (abril de 1992): p. 23, reproduzido pela Saturn Corporation, Spring Hill, TN.

23. Paul A. Eisenstein. "GM Saturn's Hudler: On Treating People Right from Shop Floor to Showroom", *Investor's Business Daily*, 20 de dezembro de 1996, p. 1(A).
24. *Saturn Catalogue* (Spring Hill, TN: Saturn Corporation, 1994), p. 4.
25. Ibid, pp. 4-9.
26. Richard G. LeFauve. "The Corporation: A Balance of People, Technology and Business Systems", *Looking Ahead*, XIII, 4 (abril de 1992): p. 16, reproduzido pela Saturn Corporation, Spring Hill, TN.
27. O'Toole, p. 3.
28. Eva Pierrakos. *The Pathwork of Self-Transformation*, comp. & org. por Judith Saly (Nova York: Bantam Books, 1990), pp. 4-5. [*O Caminho da Autotransformação*, publicado pela Editora Cultrix, São Paulo, 1993.]
29. Needleman, pp. 70-72.
30. *Compton's Interactive Encyclopedia* 1996 ed., s.v. "Hermes" [CD-ROM] (Compton's NewMedia, 1995).
31. Barbara Kantrowitz. "Search for the Sacred", *Newsweek*, 28 de novembro de 1994, p. 53.
32. Joanne Cleaver. "The Spirit of Success", *Home Office Computing*, maio de 1996, p. 104.
33. *Yearning for Balance*, elaborado para o Merck Family Fund por The Harwood Group, julho de 1995, p. 18.
34. Gary Zukav. "Evolution and Business", in *New Paradigm in Business: Emerging Strategies for Leadership and Organizational Change*, org. Michael Ray e Alan Rinzler (Nova York: Putnam Publishing Group para a World Business Academy, 1993), p. 24. [*O Novo Paradigma nos Negócios*, publicado pela Editora Cultrix, São Paulo, 1996.]

· 6 ·

Uma Organização Viva

O que é que as empresas têm que ver com vida interior dos seus empregados ou com a evolução da conscientização do planeta? A única responsabilidade das empresas, muitos argumentarão, é gerar o maior lucro possível para seus proprietários. Eles investem os recursos de *capital* e assumem os riscos. Porém, quando se observa apenas que o aumento da receita bruta ou que o corte de despesas melhora o resultado financeiro, deixa-se de ver as outras duas partes da equação dos recursos. Os recursos *humanos* (empregados, clientes e fornecedores) e os recursos *naturais* (a terra e tudo o que nela vive ou a rodeia) também são de importância vital. Neste capítulo, iremos analisar o papel das empresas de uma perspectiva abrangente e a longo prazo, estabelecendo, dessa maneira, uma conexão entre o que é semeado e o que é colhido.

A H. B. Fuller Company, empresa fabricante de produtos químicos especiais com um faturamento anual de um bilhão de dólares, aumentou seus ganhos cerca de dezoito vezes desde que foi fundada em 1968, o que representa um ritmo de crescimento anual composto de dois dígitos. Essa é uma marca extraordinária.[1] As duas últimas frases que compõem a declaração de metas da empresa dizem o seguinte:

> A empresa H. B. Fuller está comprometida com suas responsabilidades, *em ordem de prioridade* [com a devida ênfase], com seus clientes, empregados, acionistas e comunidades. A H. B. Fuller conduzirá os negócios de forma ética e dentro da lei, apoiará as atividades dos empregados em suas comunidades e será uma empresa responsável.[2]

94 ♦ *Capitalismo Consciente*

É preciso ter capital para iniciar um negócio, mas se os clientes não estiverem satisfeitos e os empregados não forem produtivos, pode ser que o negócio não dê retorno. Além disso, todo o dinheiro do mundo de pouco servirá se a comunidade onde se vive for suja, perigosa e/ou não oferecer oportunidades para seus cidadãos. Mais especificamente, o aumento da criminalidade custa bilhões de dólares às empresas todos os anos; trabalhadores com um baixo nível de instrução comprometem a capacidade da empresa de competir num mundo de tecnologia cada vez mais avançada; uma biosfera poluída aumenta as despesas com saúde, questões judiciais e seguros; empregados pouco valorizados estarão sempre à procura de outro empregador. Com relação à rotatividade de funcionários, estima-se que a empresa gasta até 75 por cento do salário de um ano para substituir um empregado que trabalha por hora, e até 150 por cento para substituir um diretor.[3] Apenas especuladores de muito pouca visão concluiriam que as soluções dos problemas dos seus membros e da comunidade não é de seu próprio interesse. Um investidor, na verdadeira acepção da palavra, assume a visão de longo prazo de que, a não ser que os problemas sociais sejam resolvidos, os negócios serão afetados. De acordo com Jim Autry, presidente aposentado do grupo de revistas da Meredith Corporation, uma empresa que consta da lista da *Fortune 500**:

> Não concordo com aqueles que afirmam que a única responsabilidade social de uma empresa é com seus acionistas... uma empresa é apenas uma parte de um imenso e complicado ecossistema, que abrange o governo, a educação, a assistência à saúde e, na verdade, toda a ordem social. Quando as empresas dizem que sua única responsabilidade é com os acionistas, elas estão negando seu lugar no ecossistema.[4]

Certamente, quando as empresas prestam tanta atenção aos recursos humanos e naturais quanto aos resultados financeiros, elas estão agindo em seu próprio interesse. Além do mais, o mundo empresarial é o setor da sociedade mais bem equipado para assumir esse papel importantíssimo. Larry Perlman, diretor executivo da Ceridian Corporation, empresa que atua no ramo de serviços de informações e tem um faturamento anual de vários bilhões de dólares, acredita que:

---

* A *Fortune 500* é uma revista que aponta as 500 maiores empresas norte-americanas. (N. da T.)

Para melhor ou para pior, é no trabalho que a maioria de nós encontra algum significado. Vejo uma enorme oportunidade de participar da transformação deste país, e para tanto temos de transformar as empresas.[5]

A Meryem LeSaget, fundadora da Erasme International, uma firma francesa de consultoria e comunicações, compartilha dessa opinião:

> O meio empresarial será mais coeso ao longo dos próximos doze anos ou mais, o que significa que é aí que as verdadeiras mudanças se verificarão. As empresas têm o conhecimento, o dinheiro, as redes e a tecnologia necessários para conduzir a sociedade rumo a um novo futuro.[6]

A competição exige que as empresas respondam rapidamente às forças em transformação do mercado. Nossas instituições religiosas, governamentais e de ensino tornaram-se muito pesadas e politizadas para o atual ritmo alucinante. Os empreendimentos modernos são as instituições mais adaptáveis da sociedade. As empresas freqüentemente cruzam as fronteiras nacionais e, em muitos casos, com maior habilidade do que as instituições políticas. Infelizmente, muitas vezes elas estão sujeitas a um excesso de regulamentações por parte dessas mesmas agências ineficazes e burocráticas. Confrontada com o fato de ter de decidir entre normas governamentais onerosas ou a responsabilidade de se auto-regular em benefício da sociedade, a opção de uma empresa deveria ser óbvia.

Como foi discutido no capítulo anterior, todas as coisas estão conectadas e intimamente ligadas. A vida é um fenômeno holístico, cada pessoa um organismo vivo num universo vivo. Assim como o corpo é composto por um agrupamento de células que trabalham juntas para o bem do todo, cada célula é um corpo em miniatura que carrega dentro de si todas as funções do corpo, incluindo a ingestão, a digestão, a eliminação dos detritos e a reprodução. O bem-estar de todo o corpo depende da boa saúde de cada uma dessas células.[7] Por analogia, uma empresa, que é, na verdade, uma organização viva composta de corpos vivos (empregados), tem de promover um ambiente saudável e vibrante em todas as suas partes se quiser alcançar seus objetivos. Quando a empresa olha para as suas responsabilidades com a sociedade da perspectiva de um sistema vivo, ela descobre que a pressão para mudar suas estruturas e prioridades está surgindo de todas as direções. De dentro para fora, de baixo para cima, de fora para dentro e de cima para baixo.

DE DENTRO PARA FORA

Assim como cada átomo do nosso ser faz exigências ao resto do corpo, todos os níveis de uma organização fazem reivindicações sobre seus recursos; ambos estão vivos e precisam ser alimentados. Esse modelo de organização viva tem sido testado em algumas das linhas de produção da empresa Bristol-Myers Squibb. Como foi descrito num relatório aos acionistas:

> Na maioria dos casos, a produção em massa sempre exigiu um nível de especialização crescente, com os trabalhadores separados em grupos semi-autônomos, como os mecânicos, o pessoal da manutenção e os engenheiros. Atualmente, entretanto, os empregados de várias fábricas da Bristol-Myers estão voltando a adotar um estilo de trabalho mais simples e natural, desenvolvido em unidades denominadas células. Cada célula de trabalho engloba pessoas com aptidões diferentes, que se reúnem para executar uma tarefa — como a fabricação de prótese de quadril. E cada célula tem bastante autonomia para estabelecer seu próprio cronograma e atribuições para atender as exigências dos clientes.[8]

As células de trabalho não geram apenas eficiência, mas citando um de seus membros: "Todos nós sentimos maior orgulho e temos uma sensação maior de propriedade sobre o produto que criamos." Como conseqüência, o tempo necessário para mudar a linha de um produto para outro foi reduzido de quarenta para dez minutos. Os empregados trocam de função a cada dois meses; com isso o tédio é minimizado e há uma sensação maior de ser uma parte essencial do produto final.[9] O retorno a uma maneira mais natural de trabalhar — um organismo vivo dentro de uma organização viva — aumenta a produtividade e a auto-estima do empregado, trazendo benefícios para todos dentro da organização. O que está dentro, as células de um corpo ou os membros de uma organização, força continuamente a entidade maior a fornecer um ambiente saudável e feliz. As empresas que não conseguirem perceber os sinais internos de doença irão, na melhor das hipóteses, operar abaixo da sua capacidade.

DE BAIXO PARA CIMA

Os organismos vivos contam com dois sistemas para seu aprendizado e adaptação — um sistema nervoso central que distribui informações sobre os acontecimentos em curso e o DNA que fornece instruções sobre como reagir a esses acontecimentos. Algumas das empresas atualmente mais bem-sucedidas criaram "sistemas nervosos empresariais" para fornecer informações vitais não apenas dos níveis mais altos para os mais baixos mas, no caso daqueles que têm mais visão, também dos níveis mais baixos para os mais altos.[10] Mesmo que o conceito de empresa como um organismo vivo seja rejeitado, a estrutura hierárquica mais tradicional também reconhecerá muitas das mesmas exigências de mudanças. As necessidades e os desejos dos trabalhadores de hoje diferem sobremaneira daqueles de pouco tempo atrás. Como afirmou o dr. P. Roy Vagelos, antigo presidente e diretor executivo da Merk:

> O sucesso de uma empresa depende em grande parte da sua capacidade de se adaptar às mudanças em várias áreas. Houve muitas mudanças no estilo de vida dos nossos trabalhadores, como ficou evidenciado pelo número crescente de mulheres no mercado de trabalho, de casais onde os dois trabalham, de pai ou mãe solteiros ou separados ou de mulheres com crianças pequenas. Ser sensível às necessidades dessa população mudada, na nossa opinião, é de importância vital para que possamos atrair e manter bons empregados.[11]

Para citar um exemplo, uma unidade da Merk no Canadá decidiu avaliar os conflitos enfrentados pelos funcionários no trabalho e na família. Um grupo de duzentos funcionários expôs alguns dos problemas. O pessoal da área de vendas, que usava cada vez mais os computadores para registrar os dados das vendas, estava sendo pressionado pelos gerentes para produzir relatórios mais detalhados. Alguns passavam as noites e os fins de semana esmiuçando os números, outros permaneciam em casa durante o dia para preparar os relatórios, e depois se sentiam culpados. Esse fato afetou tanto as vendas quanto o estado de espírito em geral. A Merk criou uma força-tarefa de gerentes para estudar o *feedback* do grupo. Os gerentes confirmaram que muitos dos relatórios não eram necessários e reduziram o número para menos da metade. Com isso, o pessoal da área de vendas ganhou um tempo extra todas as semanas para visitar clientes e cuidar de seus interesses pessoais, incluindo a família, muitas vezes negligenciada e ressentida. Segundo Perry Christensen da Merk, a iniciativa veio dos próprios funcionários. O desejo que eles tinham de conciliar o trabalho com a família foi a mola propulsora que impeliu a empresa a dar prioridade ao trabalho mais importante.[12]

Em meados da década de 90, as mulheres ocupavam 46 por cento do número total de empregos, contra 35 por cento trinta anos antes. Na

98 ◆ *Capitalismo Consciente*

maioria das vezes, elas começavam em cargos mais baixos e seus salários eram menores. Não obstante, elas estão exercendo uma influência cada vez maior nas empresas em todo o mundo. Em poucos anos, elas representarão a maioria das novas contratações. Talvez três quartos delas fiquem grávidas a certa altura da carreira; a maioria voltará ao trabalho antes que o bebê complete um ano. À medida que a população envelhece, uma porcentagem crescente de trabalhadores, sobretudo do sexo feminino, precisará de tempo e de recursos para cuidar de seus pais.[13]

Um estudo intitulado *Women: The New Providers* analisou as importantes questões familiares, profissionais e sociais enfrentadas pelas mulheres nos Estados Unidos. Algumas das conclusões do estudo já eram esperadas: horário de trabalho mais flexível, mais oportunidades de trabalhar em casa e mais empregos de meio expediente eram as prioridades máximas. Tanto os homens quanto as mulheres demonstraram um interesse extraordinário por um emprego que não ocupasse o período integral para que pudessem conciliar o trabalho com as responsabilidades familiares. De acordo com o estudo, as mulheres parecem demonstrar empenho, motivação interior, preocupação com qualidade, desejo por um aprendizado contínuo e uma abordagem de trabalho flexível e independente. Todas essas são características consideradas essenciais para o local de trabalho do futuro. A administração que ignora as necessidades ou desejos dessas "novas chefes de família" terá dificuldade em manter essas funcionárias; a alta rotatividade do quadro de funcionários e o estado de espírito desfavorável resultantes podem se refletir de forma bastante negativa nos lucros.[14]

DE FORA PARA DENTRO

As exigências de mudanças vindas de grupos de fora da organização podem ser ainda mais poderosas do que a pressão exercida pelos empregados. A chance de convencer uma empresa a levar em consideração as questões sociais, da mesma forma que as econômicas, é maior quando se tem ações desta empresa. Quanto maior o número de ações, maior a chance de atrair a atenção da administração. No início da década de 70, a Universidade de Princeton foi pressionada pelo corpo estudantil para acrescentar critérios morais e sociais aos econômicos na hora de tomar decisões relacionadas à sua carteira de investimentos. Um grupo de estudantes em especial exigia que a universidade vendesse suas participações em firmas com subsidiárias ou filiadas que operassem na África do Sul. Na época, a quantia chegava a 127 milhões de dólares ou aproximadamente um terço de toda a carteira de investimentos. Embora a comissão tenha votado contra a venda de suas ações, eles começaram a se manifestar aberta e vigorosamente contra práticas empresariais que consideravam irresponsáveis. O reitor da Universidade de Princeton enviou uma carta às empresas das quais a universidade possuía ações, explicando o ponto de vista da comissão e exigindo, sobretudo, que elas melhorassem as condições de trabalho dos empregados negros. Embora seja difícil avaliar o grau de influência que Princeton exerceu, os envolvidos sentiram que a pressão contínua dos grandes acionistas poderia mudar as diretrizes adotadas por uma empresa.[15]

Investidores com muito menos dinheiro do que as grandes instituições também podem estimular as empresas a agir de forma correta, aplicando seu capital em fundos mútuos que investem em empresas "socialmente responsáveis". Um relatório publicado no final de 1997 pelo Forum de Investimentos Sociais (*Social Investment Forum*), entidade sem fins lucrativos, estimou que mais de um trilhão de dólares sob gerenciamento profissional estava envolvido em algum tipo de investimento socialmente responsável (SRI — Socially Responsible Investing). Isso representa mais de 65 bilhões de dólares em 1985 e quase um décimo de todos os fundos sob gerenciamento profissional nos Estados Unidos.[16] Mesmo que os números desses fundos variem amplamente, a premissa subjacente que eles encerram é que as empresas que tratam bem seus empregados, que não vendem produtos nocivos, que protegem o meio ambiente e investem na comunidade deveriam ser bem-sucedidas a longo prazo. De fato, um estudo levado a cabo por pesquisadores da Vanderbilt University e pelo Centro de Pesquisa de Responsabilidade do Investidor (*Investor Responsibility Research Center*) constatou que o desempenho das empresas "mais limpas" é tão bom ou melhor do que o das empresas "mais sujas" nas mesmas categorias industriais.[17]

Reconhecendo que um público maior poderia ser atraído para o conceito do SRI se os investidores soubessem qual o sacrifício financeiro exigido, se é que há algum, a firma de investimentos Kinder, Lydenberg, Domini Co., Inc. (KLD) instituiu o Índice Social Domini (DSI — Domini Social Index), que fornece um indicador de desempenho quantitativo por meio do qual os investimentos socialmente responsáveis podem ser medidos. Em primeiro de maio de 1990, depois de 36 meses de seleção e análise, quatrocentas ações diversificadas de grande capitalização que passaram por uma série de filtros e avaliações de SRI foram selecionadas e se tornaram a base desse índice. O DSI 400, ao contrário das expectativas daqueles que achavam que as restrições iriam necessariamente atrapalhar os resultados, teve um desempenho melhor do que os índices comparáveis cumulativamente e na maior parte dos períodos anuais. Um fundo de índice SRI, o Fundo de Ações Sociais da Domini, obteve uma marca semelhante, chegando bem perto do desempenho do S&P 500. Considerando-se o fato de que a maioria dos investidores profissionais obteve um desempenho menor do que as médias normais dos últimos anos, essa marca é notável e reforça a noção de que os investidores podem fazer uma contribuição social sem sacrificar suas carteiras. De forma igualmente importante, o SRI envia uma mensagem de estímulo às empresas que já estão adotando práticas empresariais holísticas e conclamando aquelas que ainda não o fizeram.[18]

O investimento socialmente responsável não é, de maneira alguma, um fenômeno estritamente americano. Na Grã-Bretanha, os fundos administrados de forma ética atraíram mais de um milhão de libras. Uma pesquisa recente apurou que 9 por cento da população adulta da Inglaterra concorda com a declaração: "Quero que meu investimento beneficie empresas que estejam ajudando e não prejudicando o mundo." A *Friends Provident Stewardship Trust* foi fundada em 1984 e desde então quadruplicou seu valor e superou 75 dos cem primeiros *trusts* da Grã-Bretanha em crescimento de patrimônio líquido. A EIRIS, Serviços de Pesquisa de Investimentos Éticos (*Ethical Investment Research Services*) é um grupo vigilante internacional que monitora carteiras de investimentos para garantir que os administradores acatem os padrões éticos impostos por eles. Na Grã-Bretanha, isso normalmente implica que as empresas envolvidas com vendas de armas, poluição ambiental, países de regimes opressivos, potências nucleares, crueldade com animais, álcool, tabaco, jogo ou pornografia sejam evitadas. A EIRIS descobriu que, embora o desempenho dos investimentos seja uma prioridade máxima para apenas 41 por cento dos investidores em fundos SRI, um *trust* tem de apresentar rendimentos para atrair novos capitais.[19] Apesar de os Estados Unidos estarem atrás da Inglaterra no montante de dinheiro aplicado em investimentos éticos, a rígida legislação social e ambiental da União Européia está criando uma atmosfera que irá granjear atenção para as questões de SRI.

Uma abordagem ativista, que parece obter uma resposta rápida, é a adotada pelo Sistema de Aposentadoria dos Funcionários Públicos da

Califórnia (CalPERS). Um dos maiores fundos públicos de pensão dos Estados Unidos com mais de 100 milhões de dólares em ativos, a CalPERS atrai a atenção. Ela enviou cartas a duzentos presidentes de empresas pedindo-lhes para retirar o véu que encobre suas ações. Com bastante freqüência, quando a política das empresas ultrapassa as fronteiras éticas e legais, os membros da diretoria no exterior não estão cientes das práticas abusivas. A CalPERS queria ficar a par das práticas da administração das empresas e quando nem todas responderam prontamente, ela comunicou aos retardatários que os resultados das pesquisas seriam levados a público. Houve um grande número de respostas; a CalPERS usará as informações obtidas para determinar quais as empresas para as quais ela deve voltar suas atenções no futuro.[20] Um estudo feito pelo Grupo Gordon, uma firma de consultoria sediada em Newton, Massachusetts, descobriu que existe uma correlação entre os resultados da empresa e o "desempenho do local de trabalho". Com base nesse estudo, a CalPERS assumiu outra posição polêmica ao anunciar que irá avaliar se as empresas respeitam as necessidades dos seus empregados ao tomarem decisões sobre investimentos. A CaplPERS quer saber, por exemplo, se as empresas oferecem programas de treinamento aos funcionários e dão maior responsabilidade àqueles que estão nos níveis mais baixos.[21] Comentando a iniciativa da CalPERS, o ex-Secretário do Trabalho, Robert Reich, afirmou:

> Esta é realmente a primeira vez que um grande investidor institucional declara de maneira franca que as práticas do empregador são importantes para sua análise do desempenho da empresa. Esse "sinal" vindo de um investidor institucional exercerá um impacto muito maior do que qualquer outra coisa que o Departamento do Trabalho possa dizer ou fazer.[22]

Várias organizações começaram a se voltar para práticas empresariais que respeitam o meio ambiente. A Organização Internacional de Padronização (International Organization for Standardization), sediada em Zurique, Suíça, foi fundada em 1946 com o intuito de criar padrões internacionais para os bens e serviços. Ela é mais conhecida pelo ISO 9.000, que estabelece padrões de qualidade para os produtos. De importância crescente, contudo, é o ISO 14.000, que estabelece uma longa lista de regras rigorosas para garantir a responsabilidade da empresa com o meio ambiente. É provável que haja uma forte pressão para que as firmas adotem esses padrões à medida que os consumidores, empresas e governos exigirem que seus fornecedores tenham o certificado ISO 14.000.

102 ◆ *Capitalismo Consciente*

Cerca de cem países disseram que irão apoiar padrões que incluam as seguintes exigências:

◆ A existência de um sistema amplo e formal para a administração das questões do meio ambiente.
◆ A realização de auditorias nesses sistemas, baseadas em critérios específicos que assegurem sua credibilidade.
◆ O estabelecimento de índices de qualidade para a avaliação do desempenho ambiental.
◆ O escrutínio das alegações das empresas sobre o impacto das suas mercadorias ou serviços no meio ambiente.

Os padrões exigem que as empresas tenham como objetivo a melhoria contínua do seu desempenho ambiental. Segundo Arthur B. Weissman, vice-presidente de padrões e planejamento do Green Seal, um grupo que verifica se as alegações ambientais feitas pelas empresas são verdadeiras, o ISO finalmente trará uniformidade ao processo de selos de qualidade e lhe dará credibilidade. Ele também acha que as empresas economizarão dinheiro com a eliminação das taxas dos selos pagas atualmente para inúmeras organizações. Além disso, o ISO 14.000 provavelmente trará uma maior eqüidade ao comércio internacional, pois as empresas em todo o mundo terão de atender aos mesmos padrões antipoluentes que muitas delas negligenciam atualmente.[23]

Existem dezenas de outras organizações, de grupos de serviços públicos a associações de classe, empenhadas em ajudar as empresas a estabelecerem padrões ambientais e às vezes tentar "policiar" esses padrões. Uma delas, a CERES (*Coalition for Environmentally Responsible Economies*), será apresentada de forma detalhada mais à frente neste livro. Uma das grandes aliadas da CERES é a Co-op America, organização sem fins lucrativos fundada em 1982 que conta com cerca de 47 mil membros individuais e 1.900 empresas. Seus programas e publicações são dirigidos simultaneamente aos dois lados da economia, os consumidores (procura) e as empresas (oferta). O programa da Co-op America está centrado em três objetivos primordiais:

◆ Orientar as pessoas sobre como usar e investir seu dinheiro, a fim de estimular uma maior justiça social e maior responsabilidade com o meio ambiente em toda a economia.

Uma Organização Viva ♦ **103**

- Ajudar as empresas social e ambientalmente responsáveis a crescer e prosperar.
- Pressionar as empresas irresponsáveis a aceitar práticas ambientais e sociais responsáveis.

Por meio de sua publicação *National Green Pages*, a Co-op America liga seus membros e leitores à CABN *(Co-op America Business Network)* — a maior associação de empresas com preocupações ecológicas do mundo. Todas as empresas associadas à CABN assinam a Declaração de Princípios Éticos das Empresas com Preocupações Ecológicas, que afirma:

> Como membro da Rede de Empresas Co-op America, minha empresa conduz seus negócios de acordo com padrões que ultrapassam as práticas contemporâneas na abordagem das necessidades dos consumidores, dos empregados, da comunidade e do meio ambiente. Atesto e posso demonstrar que lutamos para funcionar de uma forma socialmente justa e em colaboração com o meio ambiente.[24]

The Natural Step (TNS) é uma organização internacional, estabelecida na Suécia em 1989 com o objetivo de educar e treinar uma grande variedade de grupos sobre as ligações entre a ecologia e a economia. A TNS baseia-se nos quatro princípios a seguir:

- As substâncias da crosta terrestre não devem aumentar sistematicamente na biosfera. Isso implica que combustíveis fósseis, metais e outros minerais não devem ser extraídos num ritmo mais acelerado do que a sua reposição e reintegração na crosta terrestre.
- As substâncias produzidas pela sociedade não devem aumentar sistematicamente na natureza. Em outras palavras, elas não devem ser produzidas num ritmo mais rápido do que podem ser destruídas e reintegradas aos ciclos naturais.
- A base física para a produtividade e diversidade da natureza não deve ser sistematicamente deteriorada. Por exemplo, não derrubar as árvores com maior rapidez do que elas podem ser substituídas.
- É preciso que haja uma utilização justa e eficiente de recursos no que concerne à satisfação das necessidades dos seres humanos.[25]

A estrutura da Natural Step foi implementada em muitos países e está sendo utilizada por mais de 60 empresas, incluindo líderes industriais como a Electrolux, a Ikea e a Interface. A Interface, uma empresa de tapetes cujas vendas anuais atingem 800 milhões de dólares, tornou-se em junho de 1996 a primeira empresa americana a se comprometer com as quatro condições da TNS. Com apoio internacional crescente da comunidade científica e escritórios em todo o mundo, a influência da TNS no meio empresarial provavelmente se expandirá nos próximos anos.[26]

A Business for Social Responsibility (BSR) é uma organização com uma filosofia e clientela mais moderna. Ela fornece informações, cursos, apoio técnico e uma variedade de instrumentos práticos para os membros das empresas a fim de ajudá-los a implementar práticas empresariais responsáveis. Fundada em 1992, a BSR tem mais de 1.200 membros e filiados, incluindo empresas famosas como a Arthur Andersen, a Bristol-Myers Squibb, a Fannie Mae, a Hasbro, a Home Depot, a Reebok, a Starbucks Coffee, a Time-Warner e a Viacom. Empresas menores representam uma parte significativa das associadas da BSR e têm uma participação expressiva no seu Conselho de Administração. Cerca de um terço do seu orçamento milionário vem de mensalidades; o restante vem de contribuições e doações de organizações como a Fundação Heinz, o fundo John F. Merk, a Pew Charitable Trust, a Fundação Ford, o Departamento de Energia dos Estados Unidos e a EPA.[27]

As organizações descritas nesta seção já exerceram um impacto significativo no meio empresarial em todo o mundo. À medida que a humanidade aceitar cada vez mais a interdependência de tudo o que existe, a influência dessas organizações se expandirá enormemente.

DE CIMA PARA BAIXO

A melhor maneira, e também a mais eficaz, para se desenvolver uma responsabilidade com o local de trabalho e com o meio ambiente é o presidente ou diretor executivo de uma empresa acreditar no esforço e abraçar a causa. Para isso é preciso não apenas que se determinem os valores que a empresa deve seguir, mas também que se certifique de que alguém esteja encarregado de coordenar as políticas e cuidar que elas sejam observadas desde o nível mais alto até o mais baixo da organização. Para que a contribuição seja expressiva, essas políticas devem tornar-se uma parte automática e sustentável da cultura da empresa.

A Levi Strauss é uma das empresas mais famosas a adotar em todos os seus níveis uma filosofia baseada em valores. Sua "Declaração de Aspiração" foi instituída pela cúpula da empresa e não pelo departamento de recursos humanos e abrange tudo, desde questões de diversidade até práticas de gerenciamento éticas. Um terço da avaliação de um empregado se baseia numa conduta condizente com essas aspirações. De acordo com o diretor executivo Robert D. Haas: "Estamos fazendo isso porque acreditamos na interligação entre a liberação do talento do nosso pessoal e o sucesso da empresa."[28]

Desde 1984, quando Haas se tornou diretor executivo, a Levi Strauss dobrou a porcentagem de diretores pertencentes às minorias e o número de mulheres que atuam na administração subiu mais de 50 por cento. Ambas as estatísticas são superiores à média das empresas americanas. A maioria das fábricas não é sindicalizada; porém, os líderes dos trabalhadores dizem que elas são as mais seguras e as mais amistosas com os empregados de toda a indústria. E representando provavelmente o melhor e mais inusitado plano de incentivo já implementado, o diretor executivo, Haas, anunciou em junho de 1996 que a empresa premiaria seus empregados com gratificações que girariam em torno do pagamento de um ano de salário se as metas de desempenho projetadas pela administração para um período de seis anos fossem alcançadas. Essa medida engloba todos os 37.500 empregados em sessenta países e contrasta fortemente com as ações de muitas outras empresas que retiveram os lucros provenientes do aumento da produtividade para o benefício único e exclusivo da administração e dos acionistas. Frank Nicholas, vice-presidente da *Union of Needletrades, Industrial and Textile Employees*, declarou: "Ficamos abismados quando a empresa disse que queria dividir os lucros."[29]

A Tom's of Maine é outra empresa cujos fundadores visionários, Tom e Kate Chappell, têm sido extraordinários na crença de que uma empresa representa mais do que lucros. A declaração de metas da empresa leva em consideração o local de trabalho, o mercado e a comunidade global. Todos os anos ela doa 10 por cento dos lucros operacionais a várias organizações sem fins lucrativos e estimula os funcionários a reservarem algum tempo, por conta da empresa, para a realização de trabalhos voluntários. Os materiais reciclados são priorizados e quando se trata de embalagem, "quanto menos melhor". Pessoas de todos os setores da empresa são solicitadas a atender telefonemas de consumidores. Isso significa que os funcionários têm de aprender como funcionam todos os se-

106 ♦ *Capitalismo Consciente*

tores da empresa — algo que de outra maneira não seria possível — e se inteirar das preocupações e queixas dos clientes. Como o maior fabricante de produtos de cuidados pessoais do país, a Tom's of Maine foi criada adotando um ponto de vista que combina o objetivo do lucro com o bem da comunidade, do meio ambiente e de um com o outro.[30]

Embora a forte liderança na Levi Strauss e na Tom's of Maine tenha sido fundamental no desenvolvimento de organizações ao mesmo tempo lucrativas e socialmente responsáveis, deve-se observar que essas empresas pertencem à iniciativa privada. Nenhuma delas tem de se preocupar com as pressões da Wall Street, que observa de perto todos os detalhes de cada relatório de lucros trimestrais. Tampouco estão sujeitas a críticas externas se não conseguirem cumprir algumas de suas promessas ou satisfazer certas expectativas. É muito mais difícil ter uma perspectiva a longo prazo ou assumir riscos sob o escrutínio de uma multidão de analistas do mercado de ações preocupados apenas e tão-somente com as projeções de lucros a curto prazo e com o preço das ações no dia seguinte. Dois exemplos, um pessoal e um público, mostram por que os profissionais da área de investimentos ficaram tão obcecados por resultados a curto prazo.

Nem Tão Quentes Assim

Iniciei minha carreira na área de investimentos trabalhando no departamento de pesquisas de um banco. Depois de três anos fui designado para assumir a responsabilidade pela administração de seis fundos fiduciários comuns (fundos mútuos para contas de *trust*), cujo valor de mercado agregado era 200 milhões de dólares (no início da década de 70 isso era um bocado de dinheiro). Senti-me orgulhoso e, de certa forma, assustado por assumir tamanha responsabilidade aos vinte e poucos anos. O menor desses fundos, com um valor abaixo de dez milhões de dólares, tinha o crescimento do capital como seu objetivo de investimento. Quando assumi a administração dos ativos, no final de 1971, um grupo de cerca de cinqüenta ações, muitas vezes referidas como "as cinqüenta mais quentes", estavam muito em voga. Elas incluíam empresas famosas e de alta qualidade cujos ganhos estavam aumentando numa taxa acima da média. A IBM, Digital Equipment, Polaroid e Kmart eram algumas das empresas que faziam parte desse grupo seleto. Elas tinham se tornado tão populares que estavam vendendo a preços quarenta ou cinqüenta vezes superior ao valor de suas receitas para aquele ano. Isso representa muito mais do que os ganhos múltiplos pelos quais o mercado tinha sido avaliado tradicionalmente. Muitas pessoas da Wall Street as consideravam como ações de "decisão única"; apenas compre-as — elas nunca precisarão ser vendidas. Devido a essa mentalidade, os preços dessas ações haviam alcançado, sem dúvida, níveis extremamente irracionais. Como lá no fundo eu não concordava, não consegui participar dessa mania. Em muitos outros aspectos, essas ações teriam sido um investimento apropriado para esse fundo. No entanto, elas continuavam a subir cada vez mais, atingindo um pico em 1973. Como o fundo de crescimento que eu vinha administrando não contava com esses "investimentos fundamentais", ele teve um desempenho abaixo dos índices comuns em 1972.

No início de 1973, fui chamado ao escritório do presidente do banco. Ele me disse que estava transferindo a administração do fundo de crescimento para outra pessoa, pois seu desempenho havia ficado abaixo dos outros fundos de crescimento. Chamei a atenção para o fato de que eu havia estado à frente da carteira de investimentos por pouco mais de um ano e estava confiante de que haveria uma oportunidade de comprar aquelas ações a preços melhores no futuro. Não é necessário dizer que não fui bem-sucedido. Senti-me humilhado por ter fracassado, furioso por não ter tido mais tempo para comprovar o meu ponto de vista e vítima de um clima de investimentos irracional. Tive minha parcela de vingança quando o mercado em geral e sobretudo essas ações de "decisão única" perderam grande parte do seu valor nos dois anos seguintes. Em poucos anos percebi que o mundo freqüentemente é irracional, que as pessoas são normalmente impacientes, e que ser humilhado faz parte do currículo da escola da vida. Infelizmente, nada disso apóia uma perspectiva de investimentos a longo prazo.

"O que Você Tem Feito por Mim Ultimamente?"

No segundo trimestre de 1996, uma manchete de jornal exibiu um exemplo de como a exigência implacável dos investidores por desempenhos imediatos pode atingir níveis absurdos. Jeffrey Vinik, diretor do maior e mais acompanhado fundo mútuo, o *Fidelity Magellan Fund*, abruptamente pediu demissão depois de divulgar retornos abaixo da média nos primeiros quatro meses de 1996. Embora o motivo da sua demissão não estivesse totalmente claro, o fraco desempenho do seu fundo provavelmente teve um papel significativo. O fato da sua média de retorno de 17,2 ao longo de quase quatro anos ter sido mais elevada do que o da maioria dos seus concorrentes pouco contava. O desempenho ruim se devia à sua crença de que era mais prudente adotar uma postura conservadora num mercado superavaliado pela maioria dos indicadores.[31] A pressão por um desempenho imediato nunca tinha sido mais evidente. Isso também mostra por que uma empresa que tem de prestar contas trimestralmente a seus acionistas e precisa levantar capital periodicamente no mercado sente-se tão pressionada a atingir as projeções de ganhos ou até mesmo a superá-las. A ênfase no desempenho imediato significa que os objetivos a longo prazo são desconsiderados ou colocados em risco.

Devido, entre outras coisas, ao enfoque obsessivo dos investidores num bom desempenho a curto prazo, não é fácil para um empresa combinar lucros mais elevados com práticas empresariais socialmente responsáveis. A Hewlett-Packard, com receitas superiores a 38 bilhões e uma rentabilidade não alavancada de 20 por cento sobre o patrimônio, parece ser uma das exceções. Ela alcançou boa parte do seu sucesso sem recorrer a reestruturações traumáticas e, ao contrário da maioria das empresas gigante atuais, sem demissões significativas. Mesmo durante a recessão de 1970, ela pediu que seus empregados aceitassem uma redução de 10 por cento nos salários e, dessa maneira, conseguiu evitar dispensas. Enquanto a IBM reduziu grande parte do número de trabalhadores nos últimos dez anos, a HP tem vinte mil empregados a mais em todo o mundo do que há dez anos. Quais são os segredos do seu sucesso? Em vez da estrutura hierárquica de cima para baixo das empresas mais tradicionais, a Hewlett-Packard sempre teve uma estrutura mais igualitária, onde as pessoas em todos os níveis podiam desenvolver ao máximo suas aptidões. Lewis Platt, diretor executivo da HP, não fala sobre a administração da empresa. Segundo suas palavras:

> Passo mais tempo falando sobre valores do que tentando avaliar as estratégias da empresa. O aspecto mais importante da administração desta empresa é o controle cultural.[32]

Descentralização e abertura são duas marcas registradas da organização HP. Não existem escritórios executivos, apenas divisórias baixas com uma abertura de um dos lados, e não há portas. As roupas são informais e os ternos são exceção. A visão de longo prazo é outro aspecto importantíssimo do seu sucesso. Os investimentos em pesquisa e desenvolvimento são enfatizados; em um ano, foram investidos 2,7 bilhões de dólares nesse setor.[33]

Embora o diretor executivo Lewis Platt não seja uma celebridade empresarial destacada, sua liderança voltada para os valores é amplamente reconhecida e admirada. A pesquisa realizada pela revista *Fortune* em 1995 sobre as Empresas Mais Admiradas dos Estados Unidos colocou a HP entre as dez primeiras.[34] E numa pesquisa de opinião realizada pelo Instituto Gallup entre 497 diretores executivos de empresas, Lewis Platt ficou em quarto lugar numa lista seleta composta por doze diretores executivos cujas empresas tiveram marcas excepcionais ao longo dos últimos cinco anos.[35] A Hewlett-Packard é um exemplo perfeito de como é possível ser financeiramente bem-sucedido e ao mesmo tempo socialmente responsável. Quando o diretor executivo coloca os valores como a prioridade máxima da empresa, tudo é possível.

Com respeito à influência de cima, vale a pena mencionar uma conferência sobre cidadania empresarial realizada em maio de 1996, convocada e conduzida pelo presidente dos Estados Unidos. Contando com a participação de mais de cem executivos de empresas, o presidente Clinton abriu os debates com a seguinte declaração:

> Meu desejo é que possamos elevar as boas práticas que estão em curso atualmente e mostrar como elas são coerentes com o lucro e com o sucesso no sistema de livre iniciativa, e espero que possamos reforçar esse tipo de conduta que tantos de vocês puseram em ação em suas próprias empresas e com seus próprios empregados.[36]

Clinton apresentou sua visão das características que um bom empresário deve possuir:

- Ele deve se preocupar com a família dos empregados, ajudando-os a cuidar dos pais idosos ou a participar das reuniões de pais e mestres dos filhos.
- Deve oferecer um salário decente, seguro saúde e plano de aposentadoria.
- Deve oferecer um local de trabalho seguro.
- Deve investir em cursos e treinamento para os empregados.
- Deve ouvir suas necessidades e preocupações. Quando as demissões se fizerem necessárias, ele deve ser o mais justo e prestativo possível com os funcionários demitidos.

110 ♦ *Capitalismo Consciente*

O presidente também anunciou o Prêmio de Cidadania Empresarial Ron Brown (*Ron Brown Corporate Citizenship Award*), que vai para a empresa que melhor alcançar essas metas todos os anos.[37]

Esse tipo de evento certamente estimula as empresas que tomaram a dianteira nessas atividades a dar continuidade à sua conduta inovadora e atenciosa e, provavelmente, chama a atenção também daquelas que estão demorando a reavaliar seus objetivos, tendo em vista as necessidades em contínua transformação de todos os que a compõem. Pronunciamentos do alto escalão, quer seja do presidente de uma empresa ou do chefe da nação, realmente exercem um impacto nos cidadãos, fazendo-os refletir sobre questões importantes que irão moldar a sociedade nos próximos anos.

RESISTINDO À RESISTÊNCIA PARA MUDAR

A idéia de que a empresa é responsável por mais do que maximizar os lucros ainda não prevalece. Apesar de que as pressões citadas acima irão mudar essa situação ao longo do tempo, existe um outro fator que, quando reconhecido, pode acelerar o ritmo da transformação. Como um membro da raça humana, cada pessoa compartilha as belezas e tristezas da vida. Aceitamos computadores avançados, telefones celulares digitais, Internet, ar-condicionado e até mesmo encanamento interno como um direito inato, pois fazemos parte de uma civilização que criou esses produtos. Compartilhamos essas invenções apesar de poucos de nós terem feito qualquer contribuição direta na criação dessas comodidades. Contamos com elas porque somos parte de determinada cultura que as herdou. Por outro lado, quando defrontadas com desigualdade social, pobreza, doença, crime e poluição, muitas pessoas se recusam a assumir a responsabilidade por esses aspectos do padrão cultural. Não obstante, somos indubitavelmente responsáveis, pois esses são também aspectos da nossa hereditariedade.

É bom lembrar que o Princípio de Causa e Efeito sustenta que existe uma relação entre todas as coisas que existiram e todas as coisas que se seguem. Isso é mais conhecido comumente como a terceira lei de Newton: a cada ação (ex., uma força) corresponde uma reação igual e oposta. Os místicos dizem que essa regra que se aplica ao mundo físico também se aplica aos níveis emocionais e mentais e muitas vezes é chamada de a lei do karma. Karma é uma palavra em sânscrito que sugere que a ação é sempre contrabalançada por uma reação correspondente. Os índios americanos expressaram essa mesma compreensão no aforismo:

> Em cada uma das nossas deliberações, temos de considerar o impacto que as nossas decisões exercerão nas próximas sete gerações. (Retirado do *Great Law of the Iroquois Confederacy*.)

Algumas pessoas acham que podem cometer o mesmo erro repetidas vezes e ainda assim, de alguma forma, conseguir melhores resultados. Hermes desaprova essa insensatez; seus ensinamentos decretavam que de pouco vale o conhecimento a não ser que ele seja expressado por meio da ação. Esteja alerta à mesquinhez mental e coloque em prática tudo o que você aprendeu, era uma de suas mensagens principais.[38] As empresas são obrigadas a aceitar sua responsabilidade e adotar ações corretivas tão logo se inteirem de um problema. Agir de outra maneira não apenas é questionável no âmbito moral e ético, mas, de acordo com a lei da causalidade, terá efeitos perturbadores. Se não for adotada uma ação corretiva para fechar o buraco na camada de ozônio, por exemplo, certamente as gerações que ignoram as advertências sofrerão as conseqüências, assim como é líquido e certo que elas irão se beneficiar do dinheiro que está sendo gasto atualmente em pesquisas avançadas na área médica e espacial.

Resumindo, quando uma empresa reconhecer que é uma organização viva composta por organismos vivos em interação (empregados, consumidores, fornecedores, vizinhos e proprietários), ela ficará impelida a agir de forma responsável. Reconhecerá, explícita ou implicitamente, a onipresente lei de causa e efeito. Aprenderá a aceitar e valorizar a justiça muitas vezes oculta inerente a todos os aspectos da vida. Todas as metas e objetivos terão um enfoque a longo prazo e com uma base ampla. Os empreendimentos que ainda não aceitaram esse novo paradigma da antiga sabedoria começarão a fazê-lo à medida que a pressão se fizer sentir de várias direções. O apoio empresarial a um modelo de mundo holístico, com todas as suas ramificações, pode ocorrer mais cedo do que se imagina atualmente. Quando isso acontecer, um limiar crítico poderá ser alcançado, facilitando o movimento em direção a um nível de consciência mais elevado para toda a humanidade.

No próximo capítulo, iremos analisar algumas das maneiras pelas quais a sociedade está se regenerando, como conseqüência de políticas e ações de pessoas e empresas que estiveram à frente dessa transformação.

112 ◆ *Capitalismo Consciente*

Notas

1. H. B. Fuller Company. Relatório Anual de 1996. (St. Paul, MN), p. 38.
2. Ibid, p. 2.
3. Kirsten Baird. "Modern Family Concerns Show up in Company Policies", *Small Business News* (Filadélfia), dezembro de 1994, p. 30.
4. Marjorie Kelly. "The President as Poet: An Intimate Conversation with Jim Autry", in *The New Paradigm in Business: Emerging Strategies for Leadership and Organizational Change*, org. Michel Ray e Alan Rinzler (Nova York: Putnam Publishing Group for the World Business Academy, 1993), p. 96. [*O Novo Paradigma nos Negócios*, publicado pela Editora Cultrix, São Paulo, 1996.]
5. "CEO Sees Business as the Engine for Social Transformation", *The New Leaders*, janeiro/fevereiro de 1995, p. 3.
6. "French Executive Scouts for New Business Ideas", *The New Leaders*, novembro/dezembro de 1995, p. 12.
7. William H. Lee, R.Ph., *Coenzyme Q-10: Is it our New Fountain of Youth?*, A Good Health Guide, org. Richard A. Passwater, Ph.D. e Earl Mindell, R.Ph., Ph.D. (New Canaan, CT: Keats Publishing, 1987), p. 1.
8. Bristol-Myers Squibb Company, *Relatório Anual de 1994* (Nova York), p. 18.
9. Ibid.
10. Ken Baskin. "Is Your Business Alive?", *Business Philadelphia*, novembro de 1994, p. 18.
11. Ellen Galinsky e Peter J. Stein. "The Impact of Human Resource Policies on Employess: Balancing Work/Family Life", *Journal of Family Issues* 11 (dezembro de 1990), p. 380.
12. Sue Shellenbarger. "Work & Family," *Wall Street Journal*, 1 de março de 1995, p. 1 (B).
13. Dana E. Friedman e Ellen Galinsky. *Work and Family Trends* (Nova York: Families and Work Institute, 1991), p. 2.
14. *Women: The New Providers* (Nova York: Families and Work Institute, 1995), pp. 11, 66, 70, 86, 90-91.
15. Burton G. Malkiel. "Socially Responsible Investing", in *Classics II: Another Investor's Anthology*, org. Charles D. Ellis em colaboração com James R. Vertin (Homewood, IL: Business One Irwin, 1991), p. 604.
16. "1997 Report on Responsible Investing Trends in the United States", Washington, DC, 5 de novembro de 1997; disponível na http://www.socialinvest.org; acessado em 2 de janeiro de 1998.
17. James K. Glassman. "Ethical' Stocks Don't Have to Be Downers", *Washington Post*, 23 de abril de 1995, p. 1(H).
18. Peter Kinder, Steven D. Lydenberg e Amy L. Domini, *Investing for Good: Making Money While Being Socially Responsible* (Nova York: HarperCollins, 1993), pp. 29-31.
19. David Rudnick. "Cents & Sensibility", *Business Life: The Magazine for Europe*, fevereiro de 1997, p. 53.

Uma Organização Viva ◆ **113**

20. Judith H. Dobrzynski. "An Inside Look at CalPERS Boardroom Report Card", *Business Week*, 17 de outubro de 1994, p. 196.
21. Asra Q. Nomani. "CalPERS Says Its Investment Decisions Will Reflect How Firms Treat Workers", *Wall Street Journal*, 16 de junho de 1994, p. 6 (A). Reimpresso com a permissão do *Wall Street Journal*, © 1994 Dow Jones and Company, Inc. Todos os direitos reservados no mundo inteiro.
22. Ibid.
23. John J. Fried. "Saving the Earth, and They Mean Business", *Philadelphia Inquirer*, 18 de dezembro de 1994, p. 1(M).
24. Rosemary Brown, org., *Co-op America's National Green Pages*™ (Washington: Co-op America, 1996), p. 33.
25. *Compass: The Newsletter of The Natural Step 2* (outono de 1996), p. 6.
26. *The Natural Step Community Seminar Brochure*, 16 de junho de 1997.
27. *Business for Social Responsibility Fact Sheet* (San Francisco, maio de 1997).
28. Russell Mitchell com Michael Oneal. "Managing by Values: Is Levi Strauss' Approach Visionary — or Flaky?", *Business Week*, 1 de agosto de 1994, p. 46.
29. Martha Groves e Stuart Silverstein, "Levi Strauss Tailors a Deal to Suit its Workers", *Philadelphia Inquirer*, 7 de junho de 1996, p. 2(C).
30. Tom's Of Maine. *The Common Good Report 1994* (Kennebunk, ME), pp. 5, 7, 10.
31. John Greenwald. "Magellan's New Direction," *Time*, 3 de junho de 1996, p. 56.
32. Wechsler Linden e Bruce Upbin. "Boy Scouts on a Rampage", *Forbes*, 1 de janeiro de 1996, p. 67.
33. Hewlett-Packard Company. *Hewlett-Packard in Brief 1997* (Palo Alto, CA, abril de 1997), p. 4.
34. Stratford Sherman, "Secrets of HP's 'Muddled' Team", *Fortune*, 18 de março de 1996, p. 116.
35. Linden e Upbin, p. 70.
36. "Conference on Corporate Citizenship", Washington, DC, 16 de maio de 1996; disponível na livraria virtual da Casa Branca, http://www.whitehouse.gov; acessado em 7 de junho de 1997.
37. "Good Citizens," *Investor's Business Daily*, 17 de maio de 1996, p. 1(B).
38. Três Iniciados, pp. 213-214.

·7·

Como Lucrar com a Inclusão

Quando a administração reconhece que a empresa é uma organização viva, suas obrigações se tornam multidimensionais. A lucratividade tem de dividir as atenções com os valores holísticos. O compromisso inabalável com uma conduta ética, a preocupação sincera com a comunidade em geral, o respeito por toda a sorte de diferenças e a necessidade de um crescimento equilibrado e sustentável a longo prazo são os princípios que oferecem uma estrutura onde todas as partes se enriquecem, se desenvolvem e prosperam. Mostramos anteriormente que uma conduta empresarial ética e responsável pode, na verdade, favorecer os resultados financeiros. Para dar maior sustentação a essa posição, pense no seguinte:

♦ Em 1996, a Marriott International começou a oferecer a seus 185.000 empregados (80 por cento dos quais ganham cerca de 7 dólares por hora) inúmeros serviços, quase nenhum diretamente relacionado com o desempenho de suas tarefas. Os empregados receberam assistência profissional em assuntos como questões de imigração e abuso doméstico, empréstimos para a compra de carro próprio, assistência aos idosos e problemas de moradia. Segundo a empresa, o dinheiro investido nos serviços de aconselhamento ofereceu um retorno de no mínimo cinco por um na forma de diminuição da rotatividade de funcionários, de absenteísmo e de atrasos. Além disso, eles vêem benefícios bastante positivos, po-

116 ◆ *Capitalismo Consciente*

rém não mensuráveis, como maior disposição, lealdade à empresa e produtividade.[1]

◆ A Dow Química planeja gastar 1 bilhão de dólares até 2005 numa série de iniciativas ambientais. Segundo William Stavropoulos, presidente e diretor executivo da Dow: "As empresas que quiserem prosperar no próximo século irão se preparar para a competitividade global reduzindo em grande parte o lixo industrial, as emissões de poluentes e evitando incidentes. No novo mundo, onde todos os mercados estão abertos, as fábricas ineficientes e mal administradas ficarão obsoletas ... esperamos um retorno da ordem de 30 a 40 por cento com esse investimento."[2]

◆ Num estudo conduzido pela *Cone Comunications* e pela *Roper Starch Wordwide*, 31 por cento dos entrevistados achavam que o fator que mais influía na sua decisão de compra era o sentimento de responsabilidade social de uma empresa. Cinqüenta e quatro por cento dos adultos afirmaram que pagariam mais por um produto que apoiasse uma causa na qual eles estivessem interessados. Além disso, um levantamento realizado pela *Students for Responsible Business* entre 2.500 estudantes de administração, apurou que dois terços deles aceitariam salários mais baixos para trabalhar com empregadores socialmente responsáveis.[3]

Num esforço monumental para compreender melhor os assuntos de discriminação sexual e família e seu impacto em várias questões não relacionadas ao trabalho, a Fundação Ford, a partir de 1990, iniciou uma série de pesquisas em associação com outras três empresas: a Corning, a Xerox e a Tandem Computers. O objetivo em conjunto era verificar se a incorporação de certas mudanças sistêmicas no modo como o trabalho era realizado faria com que os empregados integrassem sua vida profissional e pessoal de forma mais eficaz, sem exercer um efeito negativo nas metas da empresa. Um relatório concreto das descobertas foi distribuído no final de 1996. De acordo com Paul Allaire, presidente da Xerox:

> O projeto começou com a crença de que mudanças no modo de trabalhar planejadas para tornar o trabalho e o ambiente mais amistosos com a família poderiam ser realizadas sem prejudicar a produtividade da empresa. Contudo, essa concepção subestimava os benefícios de uma abordagem trabalho/família. A pesquisa mostra que essa abordagem dá às empresas uma oportunidade estratégica de conseguir um local de trabalho mais justo e produtivo... é gratificante que esse estudo tenha concluído que a melhor estratégia que uma empresa pode adotar é re-

conhecer que empregados mais satisfeitos é sinônimo de maior produtividade e, por sua vez, de melhores resultados.[4]

O dr. Robert H. Rosen, escritor e consultor que recebeu apoio financeiro da Fundação MacArthur para pesquisar novos métodos de trabalho para o ano 2000, descreve o papel que os valores desempenham numa empresa saudável da seguinte maneira:

> ... os valores estão em contínua interação, expandindo-se e contraindo-se como uma entidade viva. Cada um dos valores depende da saúde dos outros e também a determina; uma enfermidade ou doença que debilita um deles enfraquece os demais; a boa saúde de um fortalece todos os outros. Os valores no coração da empresa fazem com que ela cresça, se desenvolva e se renove continuamente, reforçando o que é produtivo e construtivo e descartando o que não é saudável e não funciona. Em resumo, as causas e efeitos entre os valores, as pessoas e as empresas não são lineares, mas circulares. Os valores são o centro do empreendimento, eles circulam através de cada uma das suas células e artérias, e ou a empresa e seus empregados os reforçam ou os fazem desaparecer.[5]

O espírito humano não pode florescer se partes de uma organização forem tratadas de forma injusta ou se o ambiente que o cerca estiver corrompido ou degradado. A única maneira de se certificar de que uma empresa está avançando em direção a todo o seu potencial é estabelecer e fazer cumprir políticas que respeitem as necessidades intrínsecas de todos aqueles que são afetados pelas decisões da organização. Alguns dos agentes de mudança foram descritos no capítulo anterior. Além disso, as mulheres, em número cada vez maior e de todas as raças e regiões, estão à frente dessa metamorfose do local de trabalho e estão conquistando respeito e reconhecimento por suas contribuições. Este capítulo, portanto, começa com uma análise detalhada do papel transformador que as mulheres estão desempenhando em toda a sociedade e prossegue discutindo as ramificações que fluem necessariamente do revigoramento desse centro vital de influência.

O REJUVENESCIMENTO DE VÊNUS

Segundo o escritor Ken Wilber, cujos escritos sobre a evolução da consciência foram comparados com o trabalho pioneiro de Freud na psicologia, por volta do segundo ou terceiro milênio a.C. ocorreu uma mudança em nível mundial na sociedade, que passou de matriarcal para

118 ◆ *Capitalismo Consciente*

patriarcal.[6] Essa transformação coincidiu com uma mudança evolutiva da predominância do corpo para a da mente. Na época, a imagem da mulher/mãe foi relegada à esfera nascimento-corpo-terra, e a cultura mental emergente passou para o domínio do homem/pai. Por meio de uma combinação de casualidade e franca exploração, desenvolveu-se um *status* preferencial masculino.[7] Como foi descrito no Capítulo 2, o Princípio do Sexo diz claramente que os seres humanos têm qualidades masculinas e femininas imbuídas em sua personalidade. Apresentamos abaixo uma lista de algumas das características atribuídas a cada um desses elementos:

Masculino	Feminino
racionalização	intuição
projeção	receptividade
atividade	passividade
iniciação	elaboração, ampliação
força	forma
análise, classificação, separação	síntese, reparação, unificação
autoconsciência, observação	subconsciência, instinto

É bom fazer uma análise de onde a sociedade se encontra atualmente na sua busca para contrabalançar os elementos masculinos e femininos. De acordo com Ken Wilber:

> ...assim como o homem uma vez resgatou a consciência do matriarcado ctônico, a mulher hoje pode ajudar a resgatar a consciência — e seu irmão — do patriarcado. E assim como o modelo masculino inato mas inicial parecia apropriado para o primeiro, o modelo feminino inato mas inicial parecia apropriado para o último. Hoje em dia nos defrontamos com uma nova luta contra o dragão e precisamos de um novo Mito Heróico... Agora precisamos desenvolver a intuição e a percepção alerta porém passiva, assim como no passado precisávamos tão desesperadamente desenvolver a lógica afirmativa e a mentalidade ativa. O novo Herói será... completo, mentalmente andrógino, psíquico, intuitivo *e* racional, homem *e* mulher — e a liderança desse novo desenvolvimento poderá vir mais facilmente *da* mulher, pois a nossa sociedade *já* está adaptada ao homem.[8]

Muita coisa aconteceu desde que essas palavras foram escritas em 1981; as mulheres (que, falando de modo geral, possuem uma preponderância do elemento feminino) estão exercendo uma influência cada vez mais significativa em todos os aspectos da sociedade. Em nenhum lugar isso está mais evidente do que no mundo dos negócios. Mais de um terço dos empresários são mulheres e cerca de 570 delas fazem parte da diretoria de firmas da *Fortune 500*, contra um número de 46 em 1977. Mas não foi fácil; as mulheres em todo o mundo estão lutando para abrir caminho no mercado de trabalho.

Os antigos estereótipos dos sexos não desapareceram, fazendo com que ainda seja difícil para as mulheres terem um tratamento igual. As pesquisas indicam que ainda existe um grande segmento da população, tanto masculina quanto feminina, que acha que o marido deve ser o ganha-pão e a mulher deve ficar em casa. O número de pessoas pesquisadas que concordou com essa crença variou de 56 por cento no Japão a 13 por cento na Suécia. Nos Estados Unidos, Inglaterra, França e Alemanha esse número oscilou entre 20 e 25 por cento. Deve-se ressaltar que as políticas a favor da família na Suécia estão entre as mais generosas do mundo, incluindo período de licença maternidade e paternidade remunerada de um ano, longas férias, creches gratuitas e proteção ao emprego. Aproximadamente 85 por cento das mulheres suecas ganham o equivalente a 77 por cento do salário dos homens (superior à maioria dos países). Não obstante, elas estão bastante ausentes dos altos postos das empresas, ocupando apenas 8 por cento dos empregos gerenciais do setor privado.[9]

As mulheres estão fazendo suas conquistas até mesmo em satélites pós-comunistas como a antiga Alemanha oriental. Em comparação com a Alemanha ocidental, onde 38 por cento das mulheres trabalham, 94 por cento das mulheres adultas da Alemanha oriental estavam trabalhando antes da reunificação. Conseqüentemente, muitas delas têm habilidades gerenciais e abriram quase um terço de todas as novas empresas desde 1990, contra 21 por cento na Alemanha ocidental. Um fato interessante é que os pesquisadores que estudaram o crescimento dessas novas empresas descobriram que o intuito do lucro não é tão declarado entre as empresárias como acontece entre os homens. As mulheres, nos Estados Unidos e na Alemanha oriental, colocam os lucros em quarto ou quinto lugar, atrás de coisas como o desejo de ser auto-suficiente e de desenvolver as próprias idéias. Os homens, em compensação, normalmente afirmam que sua principal motivação é o lucro.[10] Seja o que for que as impulsione, as mulheres em todo o mundo estão começando a reclamar seus direitos no local de trabalho. Embora ainda não se tenha chegado a um equilíbrio, o progresso recente foi bem-vindo intelectual e pragmaticamente. Judy Wicks, presidente do aclamado restaurante

120 ◆ *Capitalismo Consciente*

White Dog Cafe e ganhadora do prêmio *Business Enterprise*, descreve algumas das contribuições que as mulheres fizeram ao se tornar membros valorizados da força de trabalho:

> Apesar do tratamento preconceituoso, as mulheres da minha geração não apenas provaram que nós podemos ser bem-sucedidas no mercado de trabalho, mas, o que é mais importante, que estamos ajudando a mudar a natureza do capitalismo. Enquanto ensinava-se aos homens uma competição do tipo ganhar/perder e uma abordagem de negócios onde o sucesso devia ser obtido a qualquer preço, as mulheres com um olho na criação dos filhos e nos cuidados com a casa aprenderam a ver a vida de uma forma holística... reconhecemos que não podemos compartimentar nossa vida como os homens o fizeram. Os mesmos valores são aplicados tanto no local de trabalho como em casa, onde ensinamos nossos filhos a tratar os outros como gostaríamos de ser tratados... O ambiente natural e as comunidades não podem ser sacrificadas ou negligenciadas em benefício do lucro a curto prazo. Um sistema econômico bem-sucedido é inclusivo. Afinal, não podemos ganhar enquanto outros perdem, e as energias empresariais de todas as pessoas criarão um mundo onde todos lucram, onde o ar e a água são limpos e a justiça econômica elimina a necessidade de guerras. Estamos praticando o capitalismo para o bem comum, e temos tudo o que é preciso para isso.[11]

Esses comentários reproduzem as preocupações e prioridades mais comuns das mulheres entrevistadas para um estudo da Fundação Whirlpool. Quando perguntadas sobre suas prioridades, elas disseram que estão mais preocupadas em criar um ambiente de maior dedicação em casa, no trabalho, entre todas as famílias e na sociedade em geral.[12] Além do mais, as mulheres afirmaram que estimulam seus filhos a conviver com pessoas de diversas classes sociais, econômicas e étnicas.[13] Esses sentimentos refletem claramente os componentes femininos de afeição, cura e unificação. De acordo com Carol R. Frenier, autora de *Business and the Feminine Principle: The Untapped Resource*:

> Acredito que a maneira como nos relacionamos coletivamente umas com as outras seja também a essência da nossa revolução atual, e que o princípio feminino tem muito a contribuir para que esse esforço se desenvolva numa forma de organização mais participativa e até mais elevada — em nossas casas, nas empresas e no governo.[14]

Uma forma mais participativa de administração, como a estrutura da administração transparente apresentada no Capítulo 5, certamente iria obter a aprovação de Hermes. Os Princípios Herméticos descrevem um universo inexoravelmente unido. A natureza interdependente dessa realidade exige um espírito cooperativo/concriativo em todos os nossos relacionamentos. Formas de liderança predominantemente não-inclusivas são claramente contraproducentes, pois são incapazes de amealhar um apoio amplo ou de reunir todo o potencial de um grupo de participantes heterogêneo. A influência crescente das mulheres no mundo dos negócios pode fazer com que as atenções se voltem para a necessidade de uma força de trabalho mais diversificada onde todos possam contribuir.

À medida que a humanidade amadurece, podemos ter certeza de que iremos transcender a condição desfavorável que existe quando há uma quantidade desproporcional de qualidades masculinas ou femininas, substituindo-a por uma nova personalidade andrógina que funde as duas.[15] Como expressou a dra. June Singer, psicóloga junguiana:

> A androginia vê o princípio preponderante da união agindo continuamente para superar a separação, e sabe que a separação é tão essencial para a vida quanto a união... A androginia exige a liberdade de atuar de um lado ou de outro da nossa natureza como uma maneira predominante de ser; no entanto, ela reconhece a responsabilidade de estar consciente de que existe também o outro lado, que precisa ser levado em consideração no longo deslocamento em direção à união.[16]

A REABILITAÇÃO DA DIVERSIDADE

Desde o Estatuto dos Direitos Civis de 1964 e a instalação subseqüente dos programas de ações afirmativas,* o número de mulheres e de representantes das minorias no local de trabalho cresceu sistematicamente. Em meados da década de 90, as minorias representavam 23 por cento da força de trabalho, contra 10,7 por cento em 1964; as mulheres detêm quase metade das posições dos cargos gerenciais e profissionais. A maioria das grandes empresas passou a acreditar verdadeiramente numa força de trabalho diversificada, não apenas por ser justo mas também porque essa diversidade representa uma grande gama de experiências e idéias. Recursos provenientes de várias fontes podem ser vitais quando se lida com uma grande variedade de consumidores, tanto no aspecto cultural quanto no geográfico.[17] No entanto, Taylor Cox, que estuda as minorias em empresas, realizou estudos que demonstram que as mino-

---

* Medidas tomadas para favorecer determinados grupos sociais ou raciais como forma de compensação pela discriminação social. (N. da T.)

122 ♦ *Capitalismo Consciente*

rias e as mulheres abandonam as empresas com uma freqüência 2,5 maior do que os trabalhadores brancos do sexo masculino.[18] Como o custo do treinamento de um profissional é superior a 150.000 dólares, os empregadores não querem ver este investimento desperdiçado. A rotatividade de funcionários pode ter várias causas: ela é atribuída freqüentemente a preconceitos culturais. As mulheres não recebem promoções quando acham que devem, os hispânicos se sentem isolados, os negros muitas vezes são estereotipados em certos tipos de emprego, os asiáticos sempre são colocados em áreas de pesquisa e desenvolvimento. Problemas culturais não abordados podem levar a grandes divergências, à diminuição da produtividade dos empregados e dificultar a contratação de representantes das minorias. Segundo a escritora e consultora Carol Stanford:

> Desenvolvemos uma grande variedade de instrumentos caros e bem ajustados para categorizar, classificar e segmentar o desempenho das pessoas. Lançamos mão de qualquer processo que poderia nos ajudar a compreender todos individual e coletivamente e o convertemos num instrumento de segmentação. Conseqüentemente, estamos perdendo, ou já perdemos, o apreço de que a diversidade precisa para ganhar plenitude e apoiar os processos heterostáticos de regeneração exigidos para a sobrevivência no nosso ambiente em rápida transformação.[19]

Reconhecendo a necessidade de uma força de trabalho que reflita a diversidade da população e que atue como uma equipe harmoniosa, muitas empresas criaram departamentos inteiros com orçamentos generosos para estabelecerem e monitorarem suas políticas de diversidade. Algumas empresas atualmente condicionam parte das gratificações que os diretores recebem ao cumprimento das metas de diversidade. Embora certamente haja espaço para aprimoramento, pode-se dizer que a marcha em direção à igualdade no local de trabalho não diminuirá nem mesmo se cessarem as pressões do governo. Como a GTE afirmou em seu relatório anual: "... a dedicação à diversidade e a oportunidades iguais é uma questão de valores, não de legislação."[20]

Um exemplo do que pode ser feito quando uma empresa decide extrapolar suas obrigações legais e ir realmente ao cerne do problema é um programa estabelecido pela *United Parcel Service* (UPS). Para criar um programa de peso, a empresa recorreu a Walter Hooke, que havia começado sua carreira como consultor da UPS. Hooke reconheceu que a simples mudança das práticas de contratação dos funcionários da linha de frente e de níveis básicos não iria resolver as causas do problema. Sem uma mudança de atitude por parte dos gerentes que supervisionavam essa força de trabalho diversificada, o progresso para uma cultura empresarial mais tolerante iria, no máximo, ser superficial. Com o apoio da diretoria, Hooke começou o "Programa de Internamento Comunitário". Ele acreditava que estar ciente de um problema não é o mesmo que estar ativamente envolvido na sua solução. Esse programa obrigatório retira os gerentes de nível médio e superior de suas funções durante um mês e os coloca num "internamento", em contato com pessoas de diversas classes sociais e econômicas. Quarenta gerentes são escolhidos todos os anos e enviados para um dos vários locais.

Os internos assumem a responsabilidade de supervisionar um irmãozinho ou irmãzinha. Durante seu mês de serviço, eles também trabalham com vários tipos de pessoas, de imigrantes ilegais a idosos que precisam de cuidados. Eles podem visitar prisões, andar em carros da polícia, conhecer organizações de serviços sociais, conversar com aidéticos, viciados em drogas ou ajudar pessoas de rua. Tanto o interno quanto a comunidade são beneficiados com a associação. Certa feita, os internos descobriram que a maior parte do orçamento da clínica local era gasto na purificação de água contaminada. Eles propuseram novos métodos para a limpeza da água, proporcionando assim uma grande economia à clínica. As pessoas carentes entram em contato pela primeira vez com uma grande empresa que não se preocupa apenas com seu desempenho financeiro. A maioria dos gerentes passa a ter maior solidariedade para com seus semelhantes e a valorizar mais qualquer bênção que tenham recebido. Muitas vezes eles acabam ficando mais envolvidos em suas próprias comunidades à medida que começam a se dar conta de que uma pessoa pode realmente fazer a diferença.

O programa custa à UPS cerca de 10.000 dólares por interno, o que representa aproximadamente 400.000 dólares por ano. Apesar de ser difícil quantificar o retorno desse programa, a empresa cita benefícios como a redução de ressentimentos, uma melhora nas relações da empresa com a comunidade e uma porcentagem baixíssima de 2 por cento de rotatividade no quadro de gerentes como uma evidência palpável de que o programa foi vantajoso. Atualmente, a maioria dos gerentes está ansiosa para participar de um programa de internamento como parte do plano de ascensão profissional.[21] Porém, talvez, a melhor indicação de sucesso do programa possa ser encontrada na carta que Aileen Hernandez, a primeira mulher a fazer parte da Comissão de Oportunidades Iguais de Emprego e membro-fundador da Organização Nacional de Mulheres, escreveu a Hooke quando ele se aposentou:

Presenciei uma mudança constante e algumas vezes dramática de atitude e comportamento que me fez apontar a UPS como uma das poucas empresas da nação que acredito que tenha realmente institucionalizado o conceito de oportunidades iguais de emprego... A abordagem de vocês é aparentemente simples — vocês se concentraram nas pessoas que desenvolvem habilidades em seus gerentes e incorporaram em seu treinamento algumas interações com pessoas que estão "fora dos padrões tradicionais". Seu programa de internamento é um exemplo extraordinário disso e as palavras dos próprios participantes comprovam o quanto é importante fazer com que eles "se coloquem no lugar de outra pessoa" por algum tempo.[22]

UM REJUVENESCIMENTO ECOLÓGICO

As palavras ecologia e economia vêm da mesma raiz grega, *oikos*, que significa casa. Nossa casa é o planeta Terra. Nossa existência, durante a nossa jornada em Gaia, depende do ar que respiramos, da água que bebemos e da comida que nos alimenta. Se o solo, a atmosfera e os canais de água estão poluídos, atuamos em níveis abaixo do ideal, o que pode nos levar, no final, a doenças incapacitantes e/ou à morte prematura. Até recentemente, a maioria das empresas não via ligação entre a sua maior prioridade, o lucro, e as necessidades do ambiente à sua volta. O objetivo principal era aumentar os lucros a curto prazo, o que, entre outras coisas, implicava contenção de custos, sobretudo de despesas que aparentemente não são produtivas. O fato de essa abordagem tacanha possivelmente ser prejudicial à sociedade em geral era de somenos importância; aquilo que era adverso à lucratividade a longo prazo era ignorado. Quando se tornou mais evidente que as empresas estavam atraindo o desastre com suas práticas ambientais esbanjadoras e destrutivas, cidadãos preocupados protestaram e as autoridades governamentais intervieram. Em 1969, o Congresso dos Estados Unidos aprovou o Estatuto de Políticas Ambientais Nacional, que declarava que o governo federal tinha a responsabilidade de restaurar e manter um ambiente saudável. Além disso, foi exigido que qualquer legislação ou projeto proposto apresentasse uma Declaração de Impacto Ambiental, para que se pudesse avaliar se ele exercia algum efeito nocivo na qualidade ecológica.[23]

Embora regulamentações coercivas por parte do governo representem uma maneira dispendiosa e incômoda de se efetuar mudanças, elas realmente forçam as entidades reguladas a ficarem bastante atentas ao problema. Como é que as empresas lidaram com suas responsabilidades com o meio ambiente depois de mais de um quarto de século de omissão, na opinião de alguns, bastante onerosa? Segundo a *Price Waterhouse*, que vistoria as práticas ambientais de aproximadamente mil e trezentas empresas a cada dois anos, um número crescente delas em toda a nação vêm adotando uma conduta "verde". Desde 1990, a porcentagem de empresas com diretrizes que levam em conta os custos ambientais cresceu de onze para 63 por cento. Muitas estão realizando auditorias ambientais que avaliam se elas estão cumprindo as regulamentações sobre o meio ambiente e suas próprias políticas antipoluentes. Na verdade, quase 40 por cento das empresas inspecionadas incluem o desempenho ambiental dos gerentes na fórmula usada na determinação dos seus salários.[24] Isso representa mais do que um caso de altruísmo arrebatado ou de consciência social pesada; a diminuição da poluição pode reduzir o número de futuras ações judiciais e os custos com seguros. E a reciclagem, quer seja de sobra de papel, de embalagem, do próprio produto ou do equipamento que a empresa não quer mais, pode economizar uma quantia significativa de dinheiro.

O LIXO INDUSTRIAL É UMA GRANDE PREOCUPAÇÃO

A 3M, Minnesota Mining and Manufacturing Company, tem um programa reconhecido internacionalmente, chamado de Pagamento pela Prevenção da Poluição (3P), que requisita sugestões dos empregados sobre como reduzir o lixo, reciclar materiais e evitar a poluição na fonte. Desde que foi instituído em 1975, os empregados produziram mais de quatro mil idéias, evitando que 750.000 toneladas de resíduos sólidos e efluentes líquidos e gasosos fossem lançados no meio ambiente. Ao eliminar fontes de poluição, o programa proporcionou à 3M uma economia de mais de 790 milhões de dólares. Além da redução da poluição, houve um aumento de produtividade e os efeitos da elevação dos preços da matéria-prima foram minimizados. As conquistas feitas pela 3M na área de tecnologia antipoluente levaram à criação de inúmeros produtos inovadores. O 3P tem sido elogiado em todo o mundo por organizações ambientais, por órgãos governamentais e pelas Nações Unidas, tendo sido imitado por várias empresas.[25]

O movimento para se reciclar os bens da empresa é chamado de recuperação de investimentos e simplesmente espelha o que as famílias fa-

126 ◆ *Capitalismo Consciente*

zem há anos — passando para a frente aquilo de que não mais precisam. A rigor, todo o esforço de reciclagem é um reflexo das leis naturais seguidas desde o início dos tempos. A reciclagem conserva os recursos e políticas empresariais ambientalmente corretas permitem que os clientes e os empregados se sintam melhor com relação à empresa com a qual estão associados. Cada vez mais o lixo industrial de algumas empresas é destinado a grupos comunitários sem fins lucrativos na forma de donativo de materiais. Esse é um exemplo perfeito de uma estratégia onde as três partes saem ganhando. A comunidade consegue algo de valor, a empresa se beneficia de várias formas que vão desde uma boa reputação até a redução dos custos de remoção do lixo industrial e/ou dedução de impostos e o meio ambiente é poupado dos recursos desperdiçados e de problemas de poluição em potencial.

A Warner Brothers Burbank Studios e a 20th Century Fox desenvolveram um programa de "parceria de reutilização comunitária" chamado de "Segunda mão" que eleva esse conceito ao seu grau mais elevado. Essa aliança identificou uma série de organizações sem fins lucrativos que estão prontas, dispostas e são capazes de utilizar os materiais que sobram dos estúdios. Foi criado um banco de dados do qual constam centenas de escolas, hospitais, teatros e grupos de artes, clínicas de saúde, organizações ambientais e outras entidades sem fins lucrativos da região. No banco de dados há a relação dos objetivos de cada organização, suas mercadorias preferidas, sua disponibilidade de transporte e informações para contato. Sempre que alguma coisa pode ser descartada, os funcionários conseguem encontrar rapidamente o destinatário mais apropriado e providenciar a distribuição. Num período de três meses foram feitas trinta e uma doações para dezesseis grupos diferentes. Incluíam-se aí mais de cinco toneladas em computadores, refrigeradores, estantes de livros, madeiras, tintas, etc., que de outra forma seriam enviadas para aterros.

Outras empresas, sobretudo empresas menores, implementaram versões em menor escala de um programa de doações para reciclagem. Os 35 empregados da *Crib Diaper Service*, perto de Minneapolis, descobriram que os alunos da escola de arte poderiam utilizar cerca de 550 metros cúbicos de fibra de algodão da sua lavanderia na confecção de papel artístico. Algumas organizações como a *Material for the Arts* de Atlanta e a *Artscrap Resource Center* de St. Paul transformam as doações em matérias-primas para projetos de arte. Vários restaurantes doam regularmente alimentos para organizações que cuidam de albergues e cozinhas comunitárias. A Associação de Programas de Auxílio de Alimentos Preparados e Perecíveis (*Foodchain: The Association of Prepared and Perishable Food Rescue Programs*) é uma câmara de compensação nacional que ajuda as empresas a doarem o excesso de alimentos para organizações sem fins lucrativos. A Organização de Desenvolvimento de Reutilização (*Reuse Development Organization*) está sendo criada para fazer a conexão entre vários programas comunitários de reutilização. Sua meta é ajudar as empresas a encontrarem beneficiários adequados para suas contribuições em todo o país, à semelhança do que a Warner/Fox realizou numa escala regional.[26] O crescimento desses programas é animador.

Essa tendência para uma maior responsabilidade por parte das empresas é um fenômeno mundial. Uma rede de líderes de empresas internacionais, a *Business Leaders Forum*, foi fundada para dar impulso à idéia de que a boa cidadania empresarial ajuda a manter o meio ambiente global e, dessa forma, melhorar a qualidade de vida de todos.[27] Esse grupo publica um relatório intitulado "Corporate Community Involvement", que chama a atenção para as tendências emergentes; os governos em todo o mundo estão compreendendo a mensagem. Muitos grupos que seguem a mesma linha de pensamento estão ativos na Europa e em outros lugares.

DO BERÇO AO TÚMULO

A despeito de a maioria das empresas tomarem suas decisões sobre novos produtos baseando-se estritamente nas análises financeiras e de comercialização, muitas delas atualmente incluem uma avaliação dos riscos ao meio ambiente, à saúde e à segurança em suas deliberações sobre os planejamentos dos produtos. Essa abordagem oferece um quadro mais abrangente para que se possa calcular o lucro final de um produto. Transformando essa análise numa parte integral do planejamento, fabricação, distribuição, uso do produto, reciclagem e processo de remoção do lixo industrial, todos os custos podem ser levantados na equação de comercialização e preço. Para se fazer uma avaliação precisa do ciclo vital é preciso a participação e a cooperação ativas não apenas de especialistas das áreas de meio ambiente, saúde e segurança, mas também da equipe de finanças, fabricação e comercialização.

Embora tempo e esforço extra possam ser despendidos durante o processo de desenvolvimento do produto, essas iniciativas melhoram a qualidade dos produtos e dos processos de embalagem, evitam uma imagem

128 ♦ *Capitalismo Consciente*

pública negativa e contribuem para o desenvolvimento a longo prazo da empresa. A análise do ciclo vital é um bom exemplo de como a empresa está fazendo uso de um atributo feminino — o da síntese — em vez da abordagem mais tradicional de analisar as partes individuais e dar pouca ou nenhuma atenção a futuras ramificações.

Uma das empresas mais progressistas no campo ambiental é a *Polaroid Corporation*. Em 1977, a empresa publicou uma declaração de políticas sobre o meio ambiente. Ela afirma em parte:

> A meta da Polaroid é conduzir suas atividades industriais de forma harmoniosa com os ecossistemas naturais, de modo a conseguir o mínimo efeito adverso sobre a qualidade do solo, do ar e da água... A proteção ambiental é uma responsabilidade permanente de cada indivíduo e de todas as funções da empresa. Encaramos as despesas com proteção do ambiente como um custo justo e a responsabilidade e a autoridade necessárias para atingirmos nossas metas ambientais ficarão a cargo de pessoas qualificadas.[28]

Os valores e princípios refletidos nessa política abrangem responsabilidade individual e da empresa, padrões rigorosos de desempenho ambiental, redução das fontes poluidoras, reciclagem e conservação dos recursos. Eles são implementados por meio do Programa de Redução de Lixo Industrial e de Utilização de Produtos Tóxicos da Polaroid adotado por toda a empresa em 1988. Foi também nesse ano que a Polaroid se tornou a primeira empresa americana a publicar um relatório ambiental anual. Esse relatório público de mais de quarenta páginas avalia os progressos e desafios em três áreas ambientais amplas: a redução de resíduos e de produtos tóxicos, a responsabilidade pela proteção ao meio ambiente e o envolvimento da comunidade. Além disso, em 1994, eles se juntaram a quatro outras empresas que fazem parte da lista da *Fortune 500* e que haviam endossado anteriormente os *PRINCÍPIOS CERES*, um código de conduta ambiental que será discutido de forma detalhada mais tarde neste livro. A filosofia que está por trás de todas essas ações é que a "Polaroid tem uma responsabilidade ética irredutível com a proteção ambiental, e que a dupla meta de boa cidadania empresarial e bons negócios é altamente compatível".[29]

À medida que outras empresas alcançarem o passo daquelas que estão à frente do esforço ambiental, nosso planeta iniciará um período de rejuvenescimento que pode trazer o ecossistema de volta ao estado original de equilíbrio que a humanidade há muito esqueceu. O sucesso que foi alcançado na recuperação de rios e lagos é apenas um vislumbre do que é possível uma vez que todos os cidadãos comecem a assumir seriamente suas responsabilidades.

O EMPENHO PARA ALCANÇAR O EQUILÍBRIO

Todas as mudanças que temos discutido — a volta da ascendência do elemento feminino, o reconhecimento de que a diversidade é necessária e desejável e a aceitação de que o meio ambiente deve ser rigorosamente respeitado — têm sido gradual, e em alguns casos, relutantemente aceitas devido às regulamentações do governo.

As exigências dos programas de ações afirmativas e as leis de proteção ambiental têm obrigado as empresas a reexaminar suas políticas com relação aos funcionários e às práticas de remoção de lixo industrial e a tomar decisões socialmente mais responsáveis. Como sempre acontece, talvez o equilíbrio esteja indo de um extremo do espectro em direção a um preconceito igualmente prejudicial na outra ponta. Alguns grupos feministas estão reativando as obsessões matriarcais do tipo "só mulheres"; casos descarados de discriminação inversa tornam-se cada vez mais comuns e ativistas ambientais usam táticas extremas em nome do amor à causa da natureza. Ao mesmo tempo, os altos custos e a ineficácia de inúmeras regulamentações burocráticas estão diluindo a capacidade de o governo atingir as metas pretendidas inicialmente.

A legislação do Superfundo oferece um exemplo realista de como boas intenções podem ser distorcidas rapidamente. O Congresso dos Estados Unidos criou o Superfundo, em 1980, para cobrir as despesas com limpeza de locais onde é depositado o lixo químico. Durante os anos que se seguiram, mais de mil e trezentos locais foram colocados na Lista de Prioridades Nacionais do Superfundo. Foram gastos até agora mais de trinta bilhões de dólares. Apesar desses gastos enormes, relativamente poucos locais foram removidos da lista; em primeiro lugar, alguns nunca deveriam ter feito parte dela. Para onde foi todo esse dinheiro? O Centro Nacional para Análise das Políticas Ambientais sediado em Dallas relatou que entre 36 e sessenta centavos de cada dólar do Superfundo é gasto com despesas legais. Esse uso deprimentemente ineficaz do dinheiro do contribuinte pode ser atribuído, pelo menos em parte, a padrões questionáveis de exigibilidade previstos por lei.

Chamado de "responsabilidade individual e solidária", esse estatuto estipula que qualquer parte associada ao local do lixo químico po-

130 ♦ *Capitalismo Consciente*

de ser forçada a pagar por toda a sua limpeza e resulta muitas vezes na tentativa de cobrar dos proprietários atuais, apesar de eles não serem responsáveis pela poluição do local. A conseqüência inevitável são processos judiciais onerosos e demorados. Além do mais, a lei exige o uso de tecnologias específicas de limpeza, mesmo que existam outras alternativas menos dispendiosas. Estabelecer padrões e fazer com que eles sejam respeitados é uma função da EPA, Agência de Proteção Ambiental. A decisão de como os padrões devem ser respeitados, entretanto, simplesmente adia a limpeza enquanto as partes discutem assuntos irrelevantes. Para finalizar, muitos acham que a EPA insiste em padrões de limpeza que vão além do que é necessário ou sensato. Um exemplo: a EPA concluiu que um local era perigoso partindo da pressuposição de que uma criança que brincasse naquele lugar iria ingerir duzentos miligramas de sujeira todos os dias durante setenta anos. O fato de poucas pessoas depois da infância se sentirem atraídas pela sujeira, e muito menos estarem interessadas em comê-la, não evitou que a EPA decidisse que a não ser que seus padrões fossem cumpridos, a saúde seria colocada em risco.[30]

Como esse exemplo deixa claro, leis que foram feitas originalmente para proteger a sociedade muitas vezes podem acabar sendo mais prejudiciais do que benéficas. Neste aspecto, um tratado de leis ambientais publicado recentemente afirmava: "É virtualmente impossível que uma grande empresa (ou instalação do governo) cumpra todas as normas exigidas. [E no entanto] praticamente cada um dos casos de desobediência pode ser prontamente interpretado como violação [criminal]."[31] Infelizmente, nossos legisladores parecem desatentos à situação; leis ultrapassadas normalmente são revistas e complementadas em vez de serem revogadas.

Os regulamentos complicados e contraditórios dos programas de ações afirmativas também fazem com que as empresas se vejam às voltas com dilemas. Cotas são ilegais, mas metas numéricas são aceitáveis. Espera-se que uma empresa aumente o número de representantes das minorias no seu quadro de funcionários; entretanto, se ela reservar um cargo até que um candidato qualificado da minoria seja encontrado para preenchê-lo, estará infringindo a lei. Quase todo mundo simplesmente faz parte de uma classe protegida. As leis agora incluem proteção a qualquer pessoa com mais de quarenta anos, bem como aos portadores de alguma deficiência. Enquanto isso, os viciados em droga estão discutindo se também deveriam receber alguma consideração extra por serem incapacitados.[32] Desde o início dos anos 70 temos visto o pêndulo balançar de um extremo ao outro, numa posição igualmente insustentável.

Os ciclos são uma parte intrínseca da vida, com um fluxo e refluxo perpétuos nitidamente inseridos no processo da evolução. O Princípio do Ritmo nos diz que estamos constantemente em movimento, primeiro em direção a um dos extremos do espectro e, depois, revertendo o curso e indo para o outro extremo. Sempre há um avanço e um recuo, uma ascensão e um declínio, uma ação e uma reação. As estrelas, os planetas, as pessoas, os animais, as plantas, os minerais, a energia e a consciência, todos seguem esse Princípio. O Princípio do Ritmo é responsável pela criação e destruição de objetos celestiais, pela ascensão e queda de nações e pelos estados mentais dos seres humanos. Padrões cíclicos recorrentes constituem uma condição indispensável sempre que existe uma dualidade. A alternância repetida entre dois pólos é necessária, pois ela produz um mal-estar suficiente para nos motivar a equilibrar os pares de opostos e, dessa forma, obter um sentimento de paz e satisfação. *Todas as nossas lições estão diretamente relacionadas com o mesmo problema fundamental; pensamos e agimos como se fôssemos entidades separadas e não inalteravelmente unidas com toda a criação.* Se todos os nossos atos estivessem ajustados e identificados com a unidade e a interdependência da vida, jamais teríamos degradado o meio ambiente ou colocado em desvantagem qualquer um dos membros aparentemente diferentes da espécie humana. Estamos tendo a oportunidade de enxergar o panorama de vários ângulos até que finalmente, depois de inúmeras repetições rítmicas, a luz desponte e nos encaminhemos para um estado de equilíbrio.

Uma vez aprendida a lição, as políticas estabelecidas para sanar o problema devem se tornar parte permanente da instituição. Este procedimento assegura que as reações futuras não dependam de um líder específico ou de uma diretriz temporária que possa ser facilmente substituída ou distorcida. O processo de repetição rítmica organiza o nosso subconsciente para que nossas reações se tornem automáticas. Isso é o que a sabedoria eterna e a filosofia perene chamam de domínio, e essa é uma meta que só pode ser alcançada por meio de prática, paciência e persistência. Quando o domínio é alcançado em uma área como, por exemplo, o tratamento adequado do meio ambiente, as leis incômodas e muitas vezes contraproducentes que a princípio eram necessárias para regular os abusos podem ser relaxadas ou, melhor ainda, eliminadas. Quando os governos agem de outra forma, correm o risco de que o pêndulo balance para o outro extremo e provoque conseqüências imprevi-

132 ♦ *Capitalismo Consciente*

síveis, sendo que a anulação dos ganhos obtidos anteriormente nem seria a menor delas.

Recapitulando, num ambiente de negócios competitivo, muitas vezes caracterizado por redimensionamentos e reestruturações, é essencial que os empregados fiquem motivados e sejam criativos e leais. O desenvolvimento de uma força de trabalho como esta depende em grande parte de um código de ética que respeite e lide de forma honesta com todas as partes, independentemente de sua bagagem cultural ou classe sócioeconômica. Quando os valores de uma empresa são amplamente divulgados e obedecidos de forma rigorosa, o resultado natural é uma organização socialmente responsável. Numa atmosfera como essa, a rotatividade de funcionários é minimizada e a produtividade aumentada. Um nível mais elevado de *esprit de corps* provavelmente se desenvolve, produzindo uma organização revitalizada e rejuvenescida. Nas palavras do dr. Kenneth H. Blanchard, aclamado escritor e especialista em administração:

> Os outros benefícios de uma conduta ética são de natureza mais psicológica. No nível individual [organismo vivo], ser ético tem um efeito positivo na auto-estima; no nível da organização [organização viva], ser ético ajuda a construir e manter o orgulho da empresa.[33]

Levará tempo para que a magnitude da transformação que está em curso na sociedade se torne evidente. Porém, por meio de balanços rítmicos repetidos que se elevam ainda mais alto no arco evolutivo, no final criaremos uma sociedade que reconheça e respeite a unidade e a harmonia que sempre existiu logo abaixo da superfície.

Notas

1. "Marriott Program Helps Low-Wage Workers Cope", *BSR Update: A Publication of Business for Social Responsibility*, agosto-setembro de 1996, p. 1.
2. "Dow Sets Aggressive Environmental, Health & Safety Goals for 2005: Invests $1 Billion over Next 10 Years", Dow Chemical Company Press Release, 26 de abril de 1996.
3. "The Gospel According to Dr. Mark", *Business Week*, 19 de maio de 1997, p. 61.
4. Rhona Rapoport e Lotte Bailyn. *Relinking Life and Work: Toward a Better Future* (Nova York: The Ford Foundation, 1996), p. 1.
5. Robert H. Rosen. "The Anatomy of a Healthy Company", in *New Traditions in Business: Spirit and Leadership in the 21st Century*, org. John Renesch (San Francisco: Berrett-Koehler Publishers, 1992), p. 115.

Como Lucrar com a Inclusão ◆ **133**

6. Wilber, p. 225.
7. Ibid, p. 229-231.
8. Ibid, p. 260.
9. Dana Milbank, Valerie Reitman, Dianne Solis e Paulette Thomas. "Woman in Business: A Global Report Card", *Wall Street Journal*, 26 de julho de 1995, p. 1(B).
10. David Woodruff. "Women Lead the Pack in East German Startups", *Business Week*, 6 de junho de 1996, p. 26.
11. Judy Wicks. "Women Changing Business", *Philadelphia Inquirer*, 6 de março de 1995, p. 5(E).
12. *Women: The New Providers*, p. 15.
13. Ibid, p. 86.
14. Carol R. Frenier. *Business and The Feminine Principle: The Untapped Resource* (Boston: Butterworth-Heinemann, 1997), p. 105.
15. Wilber, p. 229.
16. June Singer. *Androgyny: Toward a New Theory of Sexuality* (Garden City, NY: Anchor Press/Doubleday, 1976), p. 330. [*Androginia: Rumo a uma Nova Teoria da Sexualidade*, publicado pela Editora Cultrix, São Paulo, 1991.]
17. Del Jones. "Companies Won't Derail Diversity," *USA TODAY*, 15 de maio de 1995, p. 1(B).
18. Michele Galen, com Ann Therese Palmer. "Diversity: Beyond the Numbers Game", *Business Week*, 24 de agosto de 1995, p. 60.
19. Sanford, p. 203.
20. GTE Corporation. *Relatório Anual de 1994* (Stamford, CT), p. 23.
21. Bob Filipczak. "25 Years of Diversity at UPS", *Training Magazine*, agosto de 1992, p. 2.
22. Ibid, p. 5.
23. Valerie Harms. *The National Audubon Society Almanac of the Environment: The Ecology of Everyday Life* (Nova York: GP. Putnam's Sons, 1994), p. 224.
24. John J. Fried. "Firms Take into Account Pollution Practices", *Philadelphia Inquirer*, 20 de fevereiro de 1995, p. 4(E).
25. Minnesota Mining and Manufacturing Company. *Pollution Prevention Pays: Moving Toward Environmental Sustainability* (St. Paul, MN: maio de 1997), p. 2.
26. "How Nonprofits Help Companies Mind their Waste", *BSR Update: A Publication of Business for Social Responsibility*, junho de 1996, p. 1.
27. Naisbitt, p. 224.
28. Polaroid Corporation. *Report on the Environment-1993* (Cambridge, MA), p. 3.
29. Ibid, p. 1.
30. "The Superfund Albatross", *Investor's Business Daily*, 23 de abril de 1996, p. 1(B).
31. Timothy Lynch. *Polluting our Principles: Environmental Prosecutions and The Bill of Rights*, Policy Analysis 223 (Washington: The Cato Institute, 1995), p. 5.
32. Del Jones. "Companies Have to Do a Balancing Act", *USA TODAY*, 15 de maio de 1995, p. 2(B).
33. Kenneth H. Blanchard. "Ethics in American Business", in *New Traditions in Business: Spirit and Leadership in the 21ˢᵗ Century*, org. John Renesch (San Francisco: Berrett-Koehler Publishers, 1992), p. 228. [*Novas Tradições nos Negócios*, publicado pela Editora Cultrix, São Paulo, 1996.]

· 8 ·

Equilíbrio no Novo Milênio

Um exame da evolução da humanidade, desde a Idade da Pedra até o presente, revela períodos durante os quais diferentes aspectos do nosso ser — físico, social, intelectual e espiritual — prevalecem. Não somos o que éramos, tampouco o que podemos vir a ser. Os antropólogos, sociólogos e psicólogos estudaram facetas específicas do desenvolvimento do ser humano, mas está faltando uma compreensão unificada. A evolução espiritual, que lida com o desenvolvimento da consciência, recebeu muito menor atenção. No entanto, ela tem a capacidade singular de esclarecer todas as outras áreas de estudo, sendo que a economia e seu subproduto, o comércio, nem são as menos importantes.

Assim como o nível de desenvolvimento da humanidade afeta as instituições e os empreendimentos por meio dos quais ela atua, da mesma forma a humanidade é afetada pelas políticas e práticas dessas organizações. Já ficou provado que cidadãos mais atenciosos e esclarecidos estão começando a exercer um impacto positivo nas empresas nas quais eles trabalham. Ajustes enormes estão ocorrendo no tamanho e na composição da força de trabalho, bem como no modo como as empresas reavaliam suas obrigações perante a sociedade. Como as mudanças podem ter um impacto significativo no nosso desenvolvimento espiritual, este capítulo se concentrará na questão da reestruturação da empresa e suas ramificações.

A MUDANÇA É A ÚNICA CONSTANTE

Os observadores do cenário empresarial estão bastante cientes de que todas as empresas enfrentam uma intensa competição global e, conseqüentemente, são forçadas a ficar mais atentas aos custos e à produtividade. As empresas em todo o mundo estão ansiosas para acelerar a transição de trabalhadores humanos para formas menos dispendiosas de inteligência artificial como os robôs e os computadores. Máquinas inteligentes e redes interligando os computadores às comunicações estão colocando em risco uma série de profissões. De balconistas e trabalhadores não qualificados a engenheiros e caixas de banco, provavelmente poucos serão poupados. Embora a transição de pessoas para máquinas já esteja em curso há várias décadas, apenas recentemente essa tecnologia permitiu que as empresas eliminassem camadas da administração de nível médio, comprimissem categorias de emprego, tornassem mais eficientes e ágeis as funções administrativas e diminuíssem e simplificassem os processos de produção e distribuição. O redimensionamento e a reestruturação, com suas demissões imprevisíveis e instáveis e aposentadorias forçadas, resultaram num local de trabalho onde a lealdade e a motivação do empregado sofreram um abalo compreensível. Um clima explosivo como esse gerou um alto grau de tensão e de ressentimentos contraproducentes.

Administrações mais progressistas tentaram contrabalançar essa situação, introduzindo inúmeras prerrogativas extras como a concessão de folgas para os empregados cuidarem dos pais ou benefícios mais amplos para aqueles que precisam trabalhar em casa e/ou meio expediente. Essas empresas começaram também a delegar maior autoridade em todos os níveis da organização. Contudo, a verdade é que um número considerável de pessoas se viu, inadvertidamente, com tempo de sobra. Alguns prevêem que a reengenharia das empresas pode eliminar mais de um milhão de empregos por ano num futuro previsível.[1] Na verdade, um número crescente de empresas tem manifestado preocupação com as conseqüências futuras da revolução tecnológica.

Percy Barnevik é o ex-diretor executivo da Asea Brown Boveri (ABB), fabricante suíço-sueca de geradores e equipamentos de transporte e uma das maiores firmas de engenharia do mundo, que fatura bilhões de dólares por ano. A ABB tem passado por processos de reengenharia e cortou cerca de cinqüenta mil funcionários de sua folha de pagamento na última década. Barnevik prevê que a proporção de trabalhadores no setor de indústrias e serviços na Europa cairá de 35 para 25 por cento em dez anos, chegando em 15 por cento em vinte anos. Ele afirma também:

> Se alguém me disser para esperar dois ou três anos que haverá uma demanda tremenda por trabalho, eu responderei: Onde? Que empregos? Em que cidades? Que empresas? Quando somo tudo, vejo que existe um risco claro de que os 10 por cento de desempregados ou subempregados de hoje possam se transformar facilmente em 20 ou 25 por cento.[2]

Michael Hammer, ex-professor do MIT e co-autor de *Re-engineering the Corporation*, também acredita que a reestruturação terá um efeito adverso sobre os empregos nas próximas décadas. "Não acho que tenhamos nos aproximado, na realidade, de espremer o que pode ser espremido", diz Hammer.[3]

Uma alternativa às demissões é reduzir o número de empregados que trabalha em período integral e criar mais empregos de meio-período. Dessa forma, os níveis de emprego são ajustados rapidamente em resposta às condições de rotatividade do mercado. Há poucos anos, o BankAmerica anunciou que estava transformando mil e duzentos empregos de período integral em meio-período. O banco calcula que, no futuro, menos de vinte por cento de seus empregados trabalharão em período integral; na verdade, cerca de seis em cada dez empregados do BankAmerica trabalharão menos de vinte horas por semana.[4]

Os empregos no setor de serviços são os que mais oferecem oportunidades de trabalho numa economia madura. Como novas redes de informações permitem que as empresas reduzam o número de empregos nesse setor, a visão unânime de que a tecnologia irá criar mais empregos do que destruir é atirada num estado de confusão. Muitos economistas acreditam que os efeitos adversos da automação são transitórios, mas um número crescente de analistas acha que a onda atual de mudança tecnológica difere das anteriores em vários aspectos. Em primeiro lugar, nenhuma outra revolução industrial foi capaz de afetar tantas indústrias não relacionadas ou níveis de aptidões. Em segundo, o poder da tecnologia está aumentando num ritmo quase exponencial. A relação preço/desempenho dos computadores e dos equipamentos relacionados (a combinação de preços em declínio e melhoria no desempenho) aumenta num ritmo impressionante, dobrando em média a cada dezoito meses.[5] Isso permite que um número ainda maior de empresas participe da revolução tecnológica que, por sua vez, coloca mais empregos em risco.

138 ♦ *Capitalismo Consciente*

Um exemplo de automação que está afetando até mesmo os técnicos qualificados pode ser encontrado na Pacific Gas & Electric, uma das maiores empresas de serviços de utilidade pública dos Estados Unidos. Centenas de técnicos do setor de planejamento e orçamento, que recebem salários de cinqüenta mil dólares por ano, estão sendo ameaçados por um programa de computador capaz de fazer projetos de novas redes elétricas e estimar os custos da instalação. Esses novos programas possibilitam a execução do projeto elétrico de um loteamento de cem casas em meia hora contra as cem horas gastas por um técnico humano. A PG&E prevê uma redução de um terço dos quinhentos técnicos atuais.[6]

Pouco se duvida de que estamos entrando num período onde as máquinas substituem cada vez mais os seres humanos. A extensão dessa tendência é exemplificada por aqueles que prevêem o dia em que as máquinas se tornarão tão proficientes para lidar com a complexidade, que serão elas mesmas capazes de lidar com sua própria complexidade; em suma, máquinas que podem evoluir.[7] O resultado final da luta entre a destruição e a criação de empregos talvez não seja conhecido durante algum tempo, mas, no mínimo, está provocando muitas repercussões inquietadoras a curto prazo e produzindo um bocado de consternação num amplo segmento do mercado de trabalho.

Compartilhando os Rendimentos

O que é que a marcha dos acontecimentos, que exige um novo exame do conceito de emprego total e de inviolabilidade da ética de trabalho, prevê para a nossa estrutura social? Hoje em dia, na maioria das culturas as pessoas se definem em relação ao seu trabalho. Desde pequenos, os jovens respondem perguntas sobre o que gostariam de ser quando crescer. Depois de alguns anos numa carreira, a maioria pensa em si mesmo basicamente como médico, advogado ou mecânico de carros. Conseqüentemente, durante períodos de desemprego ou subemprego, a autoestima muitas vezes cai vertiginosamente. Jeremy Rifkin, autor de *The End of Work*, tem várias idéias a este respeito:

> Estamos sendo arrastados para uma nova revolução tecnológica poderosa que acena com uma promessa de grande transformação, como nenhuma outra na história. A nova revolução tecnológica poderia significar um número menor de horas de trabalho e maiores benefícios para milhões de pessoas. Pela primeira vez na história moderna, milhares de seres humanos poderiam ser liberados de longas

horas de trabalho no mercado formal, e ficarem livres para ir em busca de atividades de lazer. As mesmas forças tecnológicas poderiam, entretanto, com a mesma facilidade, levar ao desemprego crescente e à depressão global. Se o futuro vai ou não realizar nossas utopias depende, em grande parte, do modo como os ganhos de produtividade obtidos na Era da Informação serão distribuídos.[8]

Ele prossegue, afirmando que uma distribuição justa e eqüitativa dos ganhos de produtividade resultaria no encurtamento da semana de trabalho em todo o mundo. Embora essa seja uma meta recomendável, a realidade é que os altos custos dos empregos atualmente (salários, benefícios, treinamento e impostos) motivam a empresa a aumentar as horas extras em vez de distribuir o trabalho pela contratação de novos funcionários. Na França, Inglaterra e Alemanha, todos os empregados trabalham um número menor de horas do que seus correspondentes nos Estados Unidos; mas, com salários mínimos maiores, impostos sobre a folha de pagamento e benefícios obrigatórios mais elevados, as taxas de desemprego têm sido duas vezes maiores nesses países.[9]

As pesquisas mostram que quando as empresas fazem uma reestruturação, a administração muitas vezes insiste para que a produção seja mantida nos mesmos níveis, ou até mesmo aumente, apesar do menor número de empregados. Além disso, é comum não se delegar autoridade suficiente para os empregados de nível mais baixo, cujas responsabilidades aumentaram devido à contração nos níveis de administração acima deles. O estado de espírito dos empregados que permanecem cai, levando a uma maior rotatividade e, finalmente, a uma menor produtividade. Portanto, os benefícios almejados com a reestruturação podem não surgir. Na verdade, a *American Management Association* descobriu, por meio de uma pesquisa realizada entre 1.000 empresas, que pouco menos de metade daquelas que estavam passando por um redimensionamento estavam realmente conseguindo aumentar seus lucros operacionais.

Nitin Nohria, professor adjunto da Faculdade de Administração de Harvard, estudou as demissões feitas em cem grandes empresas americanas durante mais de uma década. Ele descobriu que o corte de funcionários geralmente não compensa.[10] Muitas vezes, um número excessivo de pessoas são despedidas, ou então as pessoas erradas, e aqueles que permanecem não são treinados novamente para suprir a falta dos outros. A AT&T anunciou planos de demitir 40.000 funcionários em 1996. Quando ela descobriu que precisava recontratar 6.000 deles para determinados setores da empresa que passavam por um rápido crescimento, mui-

140 ♦ *Capitalismo Consciente*

tos dos funcionários altamente treinados já tinham iniciado uma carreira própria de consultoria ou começado a trabalhar para firmas concorrentes.[11] Carrie R. Leana, professora de administração de empresas na Universidade de Pittsburgh, é categórica ao censurar o redimensionamento atual:

> O problema fundamental com a reestruturação das empresas, da maneira como ela está sendo feita hoje — como uma estratégia contínua mesmo em tempos de lucro e não como medida de emergência — é que ela se baseia numa visão incorreta do que faz com que as pessoas e as organizações funcionem bem... Para começar, ela estimula um pensamento tacanho, de curto prazo... Numa cultura como essa, quem vai se preocupar com o bem da empresa a longo prazo?[12]

Apesar das inúmeras críticas às demissões, o meio empresarial há muito atua sob a pressuposição de que é absolutamente necessário fazer reduções periódicas do quadro de funcionários para revitalizar seus empreendimentos. Hermes sempre sustentou que a destruição (reestruturação no jargão atual) é uma parte natural e necessária do processo evolutivo. Como a economia de mercado é dinâmica, as estruturas e idéias ultrapassadas têm de ser continuamente substituídas por outras novas e mais eficazes. A despeito das demissões maciças nos Estados Unidos ao longo da última década, mais empregos foram criados do que destruídos. Na Europa, onde as leis e costumes dificultam a redução do número de empregados, o índice de desemprego permaneceu num patamar muito mais elevado e a economia em geral se enfraqueceu. Quando as reestruturações e demissões são implementadas com ponderação, compreensão e solidariedade, elas não apenas aumentam a produtividade, mas também contam com o apoio indispensável da comunidade à sua volta. Um exemplo: em 1998, a Levi Strauss & Co. anunciou o fechamento de onze fábricas nos Estados Unidos, pois com o aumento da competição houve uma menor demanda pelos seus produtos de brim. Com isso, perto de 6.400 empregados perderam o emprego. Essa dificilmente é o tipo de medida que uma empresa deseja tomar, sobretudo uma empresa que tem a reputação de tratar seus empregados de forma justa. Porém, a Levi Strauss negociou um pacote de desligamento com o sindicato que excedia os padrões da indústria e mostrava uma preocupação sincera com o bem-estar de todos aqueles que foram afetados. Além das medidas normais, a empresa acrescentou alguns benefícios generosos e incomuns:

Equilíbrio no Novo Milênio ◆ **141**

♦ Pagamento de três semanas para cada ano trabalhado mais oito meses de aviso prévio.

♦ Manutenção dos planos de assistência médica durante até 18 meses.

♦ Abono de 500 dólares pagos quando da obtenção de novo emprego.

♦ Gratificação de 6.000 dólares para: gastos com mudança, estudos e novo treinamento, auxílio aos dependentes e despesas com abertura de um negócio próprio, conforme opção do empregado.

♦ Os habilitados receberão o pagamento integral do plano de participação nos lucros de 2002 anunciado anteriormente, partindo-se do pressuposto que a empresa atinja os seus objetivos financeiros anunciados publicamente.

Além disso, a Fundação Levi Strauss destinou uma verba de 8 milhões de dólares para ajudar organizações sem fins lucrativos localizadas em comunidades prejudicadas pelo fechamento das fábricas.

Ao que parece, a empresa refletiu bastante antes de dar esse passo e elaborar um pacote que tornará o deslocamento o mais indolor possível. Porém, talvez o aspecto mais extraordinário seja a sua disposição de compartilhar os benefícios da redução de despesas com os ex-funcionários a despeito do fato de eles não estarem trabalhando na empresa no ano 2002, quando é esperada a distribuição da participação nos lucros.[13]

Em geral, entretanto, os recentes cortes de funcionários feitos pelas empresas podem ter sido maiores do que o necessário e os ganhos obtidos com o surgimento de novas tecnologias têm sido retidos quase que exclusivamente pelos acionistas e pela administração na forma de mais dividendos e salários executivos mais altos. As reivindicações dos trabalhadores sobre o aumento de produtividade freqüentemente ficam em terceiro lugar, depois daqueles que contribuem com o capital e supervisionam as operações.

A longo prazo, obviamente, essa é uma atitude de pouca visão onde uma das partes ganha e a outra perde. Apesar de a maior parte dos ganhos com a produtividade serem contabilizados inicialmente para os proprietários, se eles não forem divididos com os empregados dentro de um período razoável de tempo, o estado de espírito e a motivação serão abalados e os benefícios desaparecerão gradativamente. Num meio empresarial altamente competitivo e em rápida transformação, é essencial uma força de trabalho qualificada, criativa e dedicada. No passado, quando a diversidade e as questões ambientais foram negligenciadas, as empresas pagaram um preço. Um resultado indesejável semelhante pode

142 ◆ *Capitalismo Consciente*

ser esperado a não ser que as empresas ponham um ponto final na prática míope de reter todo o aumento de produtividade para si próprias. Jeremy Rifkin prevê a possibilidade de uma solução otimista:

> Há uma razão para se ter esperanças de que uma nova visão baseada na transformação da consciência e de um novo compromisso com a comunidade irá prevalecer. Com milhões de seres humanos passando cada vez mais horas longe do trabalho na economia formal, nos próximos anos a importância do trabalho formal em suas vidas também diminuirá — incluindo o controle que ele exerce sobre o conceito de auto-estima dessas pessoas. A diminuição do trabalho na economia formal implicará um decréscimo na fidelidade aos valores e à visão de mundo que acompanham o mercado. Se uma visão alternativa, imbuída nos valores de transformação pessoal, de restauração da sociedade e de consciência ambiental ganhasse uma grande aceitação, a base intelectual para a era pós-mercado poderia ser estabelecida.[14]

Quando os ganhos da produtividade são distribuídos de forma justa, a história demonstra que, mantidas as outras condições, isso tende a resultar numa semana de trabalho mais curta. No caso das duas primeiras revoluções industriais, que cobriram o período que vai do início do século XIX até a Primeira Guerra Mundial, a questão do aumento do desemprego para alguns contra maior lazer para muitos finalmente foi resolvida em favor destes últimos. No entanto, antes que a questão fosse resolvida, houve uma batalha demorada entre os trabalhadores e a administração. No século XIX, os ganhos de produtividade resultaram na redução de oitenta para sessenta horas semanais de trabalho.

Da mesma forma, no início do século XX, quando passamos da força movida a vapor, depois a óleo e finalmente a eletricidade, os aumentos de produtividade permitiram que as empresas reduzissem o tempo gasto no trabalho de sessenta para quarenta horas semanais. À medida que entramos na revolução da informação, um número crescente de observadores acredita que o tempo despendido no trabalho pode ser reduzido novamente para algo em torno de vinte a trinta horas semanais. Os céticos quanto a essa possibilidade deveriam atentar para o detalhe de que, a despeito da produtividade americana ter dobrado desde 1948 (podemos produzir atualmente o padrão de vida que tínhamos em 1948 em menos da metade do tempo que levava naquele ano), os trabalhadores dos Estados Unidos estão trabalhando mais horas hoje do que há várias décadas.[15] Uma pesquisa realizada entre as famílias pelo Ministério do Trabalho dos Estados Unidos demonstra que o trabalhador médio passava 39,2 horas por semana no trabalho em 1996 contra 37,7 em 1982.[16]

E, comparados com os seus colegas nos outros continentes, os trabalhadores dos Estados Unidos têm férias mínimas. A Runzheimer International relatou que o trabalhador médio americano tem menos da metade do tempo livre dos empregados em grande parte da Europa e do Japão.[17] Mesmo que os avanços futuros da tecnologia sejam ignorados, haveria claras margens para se encurtar a semana de trabalho. Feito de maneira justa, isso poderia ajudar a aliviar futuros problemas de emprego.

Qual é o seu Lazer?

Existem precedentes históricos consideráveis do uso vantajoso do tempo obtido com a redução das horas de trabalho. Atualmente, em todo o mundo, os trabalhadores passam mais tempo trabalhando do que nas sociedades antigas. Os egípcios proibiam o trabalho por cerca de setenta dias por ano, aproximadamente um dia em cada cinco. Os romanos do século IV tinham 175 feriados. Na Rússia czarista, havia mais de cem feriados religiosos todos os anos, enquanto em algumas partes da Galícia o número de dias em que não se trabalhava ultrapassava duzentos. Os índios Hopi, do sudoeste dos Estados Unidos, reservavam mais da metade do ano para atividades de lazer. E, finalmente, algumas das cidades-estados da Grécia tinham mais de 180 feriados por ano.[18] É interessante notar que o conceito grego de *paidéia* — sociedade na qual o aprendizado, a satisfação pessoal e o objetivo de se tornar completamente humano são as metas principais às quais todas as instituições se voltam — condiz perfeitamente com o tempo passado longe do trabalho formal. Segundo Werner Jaeger, o estudioso mais notório da *paidéia*, seu tema central gira em torno da busca pessoal pelo "Centro Divino".[19] Essa busca certamente seria valiosa para uma sociedade que está aumentando sua capacidade de manter um alto padrão de vida enquanto passa menos tempo no trabalho. Como afirmou o falecido Willis Harman:

> Numa sociedade tecnologicamente avançada, onde uma quantidade suficiente de bens e serviços pode ser produzida com facilidade, *o emprego existe, em primeiro lugar, para o desenvolvimento próprio e está relacionado apenas de forma secundária com a produção em si.* Esse conceito de trabalho representa uma mudança profunda na nossa percepção, com implicações que reverberam por toda a estrutura da sociedade industrial.[20]

144 ◆ *Capitalismo Consciente*

Embora ainda exista um pouco de culpa ligada à idéia de não trabalhar — talvez por causa de um sentimento perturbador de que o tempo livre deveria ser gasto com propósitos mais elevados do que o divertimento —, o interesse em semanas de trabalho mais curtas tem sido disseminado desde entre os líderes de trabalhadores e analistas do meio empresarial até o público em geral. Uma pesquisa conduzida pelo Instituto das Famílias e do Trabalho (*Families and Work Institute*) demonstrou que um número expressivo de americanos aceitaria uma redução da renda mensal em troca de mais tempo livre. Os trabalhadores dizem que gostariam de dedicar mais tempo e energia à vida pessoal mesmo às custas da ascensão profissional.[21] Uma pesquisa divulgada pela Robert Half International Inc. confirmou essa tendência e revelou que perto de dois terços dos americanos reduziriam suas horas de trabalho e seu salário para passar mais tempo com a família e cuidar de seus interesses pessoais. Em média, eles estariam dispostos a aceitar uma redução de 21 por cento do salário em troca de maior flexibilidade. Isso representa um aumento de 50 por cento sobre os resultados de uma pesquisa semelhante realizada apenas sete anos antes.[22] Esses anseios ecoam a visão aristotélica segundo a qual o objetivo da vida é a felicidade e o lazer, como uma forma distinta da diversão ou recreação, é um pré-requisito para a sua realização.[23] Um representante mais recente, Yoneji Masuda, arquiteto importante dos avanços na área da computação no Japão, visualiza um futuro onde o tempo livre supera o acúmulo de bens materiais como o principal objetivo da sociedade. De fato, Masuda considera esse paradigma emergente um ponto crucial na evolução da nossa espécie.[24]

Mas o que deveríamos fazer com nosso tempo livre? Uma alternativa é o serviço comunitário. Esse "trabalho" abrange tudo, desde a reconstrução — tanto no aspecto físico quanto moral — do nosso bairro, até o atendimento das necessidades e aspirações de milhões de pessoas que, por várias razões, estão doentes ou vivem na pobreza. O serviço comunitário é impulsionado pela compreensão de que todas as coisas estão interligadas e pelo desejo de retribuir de alguma forma à sociedade. Embora um grande número de pessoas possa abrir mão de qualquer tipo de remuneração pelo seu esforço, muitos daqueles que ficaram desempregados recentemente precisam de assistência financeira. As empresas que estão colhendo os benefícios de aumentos de produtividade proporcionados pela tecnologia podem ser persuadidas a dar respaldo a alguns dos desempregados que trabalham nas causas que eles consideram mais louváveis. Sem uma comunidade segura, limpa e próspera, o sucesso material é efêmero e não traz satisfação.

Além do mais, a eliminação de "incentivos às empresas", que, em muitos casos, não podem mais ser justificados economicamente, poderia liberar bilhões de dólares. Segundo o Instituto Cato, o governo dos Estados Unidos gasta mais de 75 bilhões de dólares por ano em mais de 125 programas que oferecem assistência direta do dinheiro do contribuinte para as empresas americanas.[25] Os incentivos abrangem doações, empréstimos, seguros ou subsídios fornecidos diretamente pelo governo às empresas; barreiras comerciais criadas para proteger algumas firmas da competição estrangeira às custas do consumidor americano e brechas nas legislações que regulam os impostos, cujo objetivo específico é beneficiar determinada empresa ou indústria. Essas "contribuições" generosas às empresas desviam a atenção dos industriais, do mercado para a arena política. Dessa forma, as firmas bem relacionadas no meio político recebem uma vantagem injusta e a distribuição eficaz dos recursos é distorcida. Essa situação cria também uma guerra declarada por tratamento preferencial entre as empresas e indústrias. Os subsídios agrícolas, tais como os Programas de Incentivo ao Mercado, financiam propagandas no exterior para empresas com boa saúde financeira como a General Mills Inc., M&M/Mars, Sunkist Growers Inc. e a McDonalds. A McDonalds, por exemplo, recebeu 200.000 dólares de ajuda de custo para divulgar o *Chicken McNuggets* em Cingapura.[26]

Da mesma forma, muitos programas de armas são incentivos para as empresas. As armas muitas vezes são compradas, não por serem necessárias para a segurança da nação, mas porque o gasto "gera empregos" ou ajuda um político em seu distrito eleitoral. Essas distribuições não são apenas inadequadas, se considerarmos a enorme dúvida nacional e o fim da guerra fria, mas geralmente elas deixam também de cumprir seu propósito. Os benefícios recebidos por um grupo são neutralizados por perdas em algum outro setor da economia. Robert Shapiro, do Instituto de Política Progressista (*Progressive Policy Institute*), ressalta que os subsídios elevam artificialmente o índice de retorno da indústria, protegendo-o das forças competitivas normais e, dessa forma, permitindo que ela adie o aprimoramento do produto ou abaixe seus preços. Esses benefícios também fazem com que os contribuintes/consumidores transfiram mais recursos para esses setores favorecidos do que eles o fariam em outras circunstâncias.[27] Como essa generosidade para com as empresas provavelmente não será eliminada num futuro próximo, elas têm uma obri-

146 ◆ *Capitalismo Consciente*

gação maior de ajudar as pessoas que dedicam voluntariamente seu tempo ou aquelas cuja renda caiu drasticamente.

Muito mais poderia ser dito sobre a relação entre o serviço voluntário à comunidade e a disponibilidade de tempo. Entretanto, por mais recomendáveis e gratificantes que sejam os projetos de serviço comunitário, assim como a experiência profissional, normalmente eles estão voltados para fora. Grande parte do nosso tempo é gasto atualmente em atividades voltadas para o mundo exterior. Uma atenção exclusiva a essas experiências nos impede de alcançar os níveis mais elevados de auto-realização e satisfação que todos buscamos e somos capazes de alcançar. Um dos propósitos deste livro, portanto, é fazer com que as atenções se voltem para a necessidade de trabalho interior. Pois, se quisermos compreender nossas aspirações mais elevadas, precisaremos buscar um equilíbrio maior entre o tempo gasto no trabalho interior e exterior.

O desejo profundo que o ser humano tem de alcançar um equilíbrio na vida é confirmado por um levantamento feito pelo Grupo Harwood, firma de pesquisa de opinião pública sediada em Bethesda, Maryland. O estudo foi encomendado pelo Fundo da Família Merk, com o intuito de oferecer um quadro estatístico de como os americanos vêem as questões ligadas ao consumo, ao meio ambiente e aos valores e prioridades da sociedade contemporânea. Uma descoberta importante desta pesquisa foi que "os americanos acreditam que suas prioridades estão em desequilíbrio".[28] Eles acham que o materialismo, a cobiça e o egoísmo ofuscam cada vez mais uma série de valores mais expressivos voltados para a família, para a responsabilidade social e para a comunidade. Mais especificamente:

> As pessoas expressam um grande desejo por uma maior sensação de **equilíbrio** (com a devida ênfase) em suas vidas — não a fim de repudiar o ganho material, mas para fazer com que ele fique em maior harmonia com as recompensas imateriais da vida... Elas vêem seus semelhantes ficarem cada vez mais reduzidos a átomos, egoístas e irresponsáveis; preocupam-se com o fato de que nossa sociedade esteja perdendo seu centro moral. Elas acreditam que nossas prioridades estejam confusas.[29]

Várias pessoas que participaram da pesquisa acreditavam que o materialismo excessivo é a raiz de muitos problemas sociais, como os crimes e as drogas. "As coisas materiais se tornaram tão importantes para nós que sua aquisição governa a nossa vida e o nosso relacionamento com os outros."[30] No estudo, 82 por cento achavam que a maioria das pessoas compra e consome muito mais do que precisa. E 93 por cento afirmou que uma das causas dos problemas ambientais é que o estilo de vida dos americanos produz muito lixo. A pesquisa mostrou que as pessoas desejam verdadeiramente viver em harmonia com seus valores. Como diz o relatório: "As pessoas parecem ansiar por coisas que o dinheiro não pode comprar: mais tempo, menos *stress*, uma sensação de equilíbrio."[31] De fato, 67 por cento concordou com a afirmação: "Eu gostaria de ter mais equilíbrio na minha vida".[32] Elas acreditam que as funções essenciais da vida que giram em torno da família, dos amigos e da comunidade foram colocadas de lado pela pressão por "mais, mais e mais", e querem restabelecer uma maior sensação de estabilidade.[33]

Na verdade, apesar de uma extensa rede de segurança social para ajudar a aplacar nossa culpa com relação aos pobres e desprivilegiados e com o luxo ostensivo dos ricos e famosos, grande parte da humanidade está insatisfeita com a própria situação. A edição especial do aniversário de 75 anos da revista *Forbes* pediu que onze dos mais proeminentes escritores e estudiosos americanos refletissem sobre a questão: "Por que os americanos se sentem tão mal quando tudo é tão bom para eles?" Ou, como o editor da *Forbes* escreveu na apresentação do último colaborador: "Enquanto estamos aqui em 1992, apenas oito anos antes do início do Terceiro Milênio d.C., sentimos em todo o mundo uma justaposição desconcertante de progresso material e descontentamento espiritual. O que significa essa ansiedade?"[34] As respostas foram bastante variadas e em geral demonstravam insatisfação. Com base nos fatos abordados nos capítulos anteriores, a resposta parece bastante óbvia: possuir todas as "coisas" do mundo não nos dará o que desejamos verdadeiramente. A paz e o contentamento supremos só podem ser alcançados quando entramos em contato com a essência do nosso ser. Alfred Kazin, um dos homens de letras mais ilustres dos Estados Unidos, tecendo comentários sobre o problema para a *Forbes*: "E o mal-estar é mais cultural e espiritual do que econômico."[35] O escritor Peter Russell coloca nossos sentimentos de descontentamento num contexto histórico/espiritual:

> Está havendo na nossa sociedade uma mudança que começa a voltar seu olhar para dentro. Acho que isso se aproxima bastante do que Buda enfrentou há dois mil e quinhentos anos. Ele tinha todas as riquezas que poderia desejar, mas isso não fez com que seu sofrimento cessasse; então, ele saiu em busca de uma maneira diferente. É isso o que está acontecendo na massa em nossa sociedade para milhões e milhões de pessoas que estão começando a procurar algo novo.[36]

Oriente, Ocidente

Uma convergência interessante de duas culturas está em curso, uma convergência que pode proporcionar aquilo que está faltando em cada uma delas. Enquanto o Ocidente é famoso pelo seu sucesso material e suas conquistas científicas, o Oriente geralmente é considerado menos avançado tecnologicamente, porém repleto de homens místicos sagrados e práticas espirituais enriquecedoras. Embora ambas as culturas estejam se dirigindo para uma composição mais equilibrada de trabalho interior e exterior, talvez uma tenha muito o que aprender com o estudo das tradições e prioridades da outra. Isso certamente estaria de acordo com os mais profundos anseios de Hermes — a conquista de uma união entre a razão e a inspiração, entre a ciência e a religião.[37]

O hinduísmo, geralmente considerado a mais antiga religião viva, não tem fundador ou dogma uniforme. Suas escrituras e seus profetas ensinam que todas as criaturas estão num processo de evolução espiritual que avança através de um número de círculos incalculável. BRÂMANE, o SUPREMO impessoal, permeia e transcende todas as coisas. Os seres humanos são capazes, por meio do esforço pessoal, de utilizar seu conhecimento interior e se unir de forma consciente com O CRIADOR, enquanto ainda estiverem encarnados. Embora a maior parte dos quinhentos milhões de seguidores do hinduísmo viva na Índia, podemos encontrar adeptos na África, nas Ilhas do Pacífico e em muitas outras partes do Ocidente. As escrituras hindus afirmam que uma vida normal e harmoniosa consiste de quatro estágios. Primeiro, uma pessoa jovem inicia um caminho de estudo e trabalho. Segue-se o casamento e os deveres para com a família e a comunidade.[38] Quando alcança o terceiro estágio (entre 40 e 50 anos de idade), o hindu se desliga das obrigações materiais e familiares e se volta para uma vida de contemplação e afastamento gradual dos vínculos mundanos. Em outras palavras, ele começa o processo de "se soltar", ou o que poderíamos chamar de aposentadoria. Os filhos homens assumem as rédeas dos negócios à medida que os mais velhos se afastam dos vínculos familiares e sociais e buscam a força interior para prosseguir para o quarto estágio, onde o objetivo final é vivenciar a união com a alma.[39]

Embora as crenças religiosas hindus, como a unidade de todas as coisas, já pareceu estranha à mente ocidental, grande parte da sua sabedoria tem sido confirmada pela ciência moderna. Será que o homem ocidental também descobrirá que, seguindo um padrão de quatro estágios semelhante no decorrer da sua vida, ele será capaz de alcançar a paz e a felicidade que tantas vezes lhe escapou? É no terceiro estágio, em especial, que o Oriente e o Ocidente se separam. Para a maioria das pessoas na nossa cultura, a idade entre 40 e 50 anos representa o ápice da ascensão profissional. O mundo exterior lhes acena com a oportunidade de ganhar quantias de dinheiro ainda mais altas que podem ser usadas para a aquisição de um maior número de bens. Porém, como vimos, o acúmulo de bens adicionais não equivale à paz e à satisfação.

Será que, depois que nossos filhos estiverem criados e tivermos cumprido outras obrigações, estaremos melhor com um tipo de vida que enfatiza a contemplação e o estudo e não o acúmulo de mais bens materiais adquiridos durante as primeiras quatro ou cinco décadas da vida? Esse conceito de "estágio de vida" pode ter maior aceitação baseado no fato de que outras tradições espirituais adotam muitas dessas mesmas idéias. A cabala, os ensinamentos místicos do judaísmo, desencoraja aqueles que almejam ir em busca de instrução até que eles tenham criado suas famílias e dominado os rudimentos da sobrevivência física. Depois disso, após completarem 40 anos de idade, eles são estimulados a empreender um período de estudos e meditação. Apesar de muitas pessoas se surpreenderem com o fato de a tradição judaica possuir um sistema de meditação semelhante ao do Oriente, esta semelhança foi observada primeiramente no Zohar, o mais famoso dos escritos cabalísticos. O incentivo à meditação nesses diferentes sistemas pode ser visto como um reflexo da eficácia dessa técnica para libertar a pessoa da ilusão de separação e da sua identificação exclusiva com os aspectos físicos.[40]

NÃO EXISTEM ERROS

O que é que o treinamento e o ritual espiritual têm que ver com as mudanças que estão se verificando no mundo dos negócios? Será que o fato de a civilização ter evoluído a ponto de as necessidades materiais serem atendidas com menor tempo e esforço do que nunca, pode ser uma mensagem importante? Estamos sendo impelidos a reordenar nossas prioridades e redistribuir nosso tempo? Dito de outra forma, o universo parece estar nos dando a oportunidade de dedicar menor tempo às sensações exteriores e às questões de segurança para que possamos voltar nossas energias para as experiências e influências interiores. Os escritos sagra-

150 ◆ *Capitalismo Consciente*

dos de todas as tradições sustentam que essas experiências estão abertas a todos aqueles que as buscam de forma sincera.

Pouco importa que essa idéia de intercessão universal possa parecer improvável demais para ter ampla aceitação; o porquê dos acontecimentos não é importante. O fato é que em pouco mais de um século reduzimos sobremaneira o número de horas de que precisamos para atender nossas necessidades diárias. É de suma importância, portanto, tirarmos proveito dessa oportunidade e usarmos nosso tempo livre cada vez maior para ir em busca dos anseios do nosso coração, da união com aquilo que transcende os aspectos materiais da vida. Voltando ao discurso proferido por Vaclav Havel no Dia da Independência, em 1994:

> Apenas alguém que se submete à autoridade da ordem universal e da criação, que valoriza o direito de fazer parte dela e de participar do seu processo, pode genuinamente valorizar a si próprio e a seus semelhantes e, dessa forma, respeitar também seus direitos... O caminho verdadeiramente confiável para a coexistência... e cooperação criativa, tem de começar com aquilo que está na raiz de todas as culturas e que se encontra infinitamente mais profundo no coração e na mente humana... Tem de ter origem na autotranscendência... A transcendência, como uma experiência profunda e prazerosa, precisa estar em harmonia até mesmo com aquilo que nós próprios não estamos, que não compreendemos, que parece estar distante de nós no tempo e no espaço, mas com o qual estamos, no entanto, misteriosamente ligados porque, junto conosco, tudo isso constitui um único mundo. A transcendência [é] a única alternativa real à extinção.[41]

Como podemos acelerar nossa ligação com aquilo que está mais elevado?

MEDITE SOBRE ISSO

Embora as técnicas de meditação variem de cultura para cultura, elas foram desenvolvidas quase sempre por pessoas tidas como místicas. A raiz da palavra "místico" é a mesma da palavra "fechado". O objetivo do místico é fechar, bloquear toda a influência artificial que impede que a pessoa conheça sua verdadeira natureza.[42] Os sentidos refletem apenas o mundo ilusório de separação e não a realidade suprema segundo a qual cada fibra na verdade faz parte de uma tapeçaria. Quando a miséria que vem inevitavelmente quando se está preso a aparências superficiais e a sensações temporais se torna insuportável, como quando somos afligidos por uma doença, somos forçados a encontrar uma maneira de aliviar a dor. Concentrando-nos primeiramente no problema, refletindo em seguida sobre maneiras alternativas de pensar e de nos comportar e, finalmente, meditando e orando, nos tornamos receptivos à orientação do nosso centro divino. Como a solução de qualquer problema está sempre disponível quando temos um desejo intenso e somos suficientemente pacientes, no final seremos capazes de redescobrir aquilo que já sabíamos mas que se perdeu com o tempo.

A sabedoria eterna nos diz que a maioria das conquistas científicas se dão por meio de um processo de redescoberta, como oposição à descoberta de novas informações. Podemos imaginar esse processo de recordação como um acesso àquilo que foi esquecido durante a jornada involutiva. Compreendendo que estamos intimamente ligados ao universo e que temos acesso a cada uma das partes da sua consciência, conseguimos absorver cada vez mais a sua sabedoria infinita. Essa compreensão dissipa todos os medos e ansiedades e encerra o poder de curar doenças e pôr fim ao desconforto. O comentário de Swami Prabhavananda sobre os aforismos do grande sábio indígena Patanjali ajuda a esclarecer o processo e o objetivo da meditação:

> Começando na superfície da vida, a mente que medita se volta para dentro, buscando sempre a causa que está por trás da aparência e depois a causa que está por trás da causa, até que a Realidade mais profunda seja alcançada.[43]

Os místicos de todas as denominações religiosas/espirituais — Zen, Sufista, Cristã, Hindu, Judaica, etc. — têm uma visão de realidade diferente daquela comumente observada. Isso não quer dizer que a visão cotidiana mais comum esteja errada; significa simplesmente que há pelo menos duas maneiras de se compreender a realidade. A ilusão de separação é necessária para o desenvolvimento da nossa própria consciência, mas não devemos nos deixar enganar pela idéia de que as imagens que obtemos através dos nossos sentidos são o único retrato da vida, tampouco o mais preciso. Num determinado nível, a visão mais comumente aceita funciona melhor, ao passo que, num nível diferente, uma outra visão é mais eficaz. Um místico que tenha alcançado um estado onde ele toma conhecimento da substância mental que subjaz e compõe toda matéria, provavelmente desempenhará suas atividades diárias de forma mais eficaz se tratar as paredes de um cômodo como se elas fossem o material sólido que parecem ser. Ele conhece a realidade que se encontra abaixo da superfície, mas de um ponto de vista cotidiano, pragmático é melhor obedecer às leis do plano físico. Existe um conceito conhe-

152 ◆ *Capitalismo Consciente*

cido na física como o princípio de complementaridade. Segundo esse princípio, para a compreensão mais abrangente de alguns fenômenos, são necessários dois pontos de vista diferentes. O místico alega também que, para alcançar o seu potencial mais elevado, uma pessoa precisa desses dois pontos de vista. Essa segunda forma de percepção, na qual a vida é vista de maneira holística e todas as aparências de separação são unificadas, é a essência do estado de meditação.[44]

Não há nada de misterioso ou fora do comum na meditação. Da conservadora Associação Médica Americana às empresas convencionais, a meditação está sendo utilizada para tudo, desde abaixar a pressão sangüínea até aumentar a produtividade. Herbert Benson, professor da faculdade de medicina de Harvard e autor de um livro sobre meditação, recebe aproximadamente meia dúzia de telefonemas por semana de empresas de seguro saúde indagando sobre uma pesquisa recente que mostra que as pessoas que oram e meditam utilizam menos os serviços médicos.[45] Programas apresentados por comentaristas respeitados como Bill Moyers e o dr. Dean Ornish também têm exaltado os benefícios das práticas de meditação. O que se está descobrindo é que, assim como o corpo transcende a matéria e o intelecto transcende o corpo, na meditação a alma transcende o intelecto. Qual a importância de se transcender o intelecto mediante as práticas de meditação? De acordo com Ken Wilber:

> E, se nós — você e eu — quisermos ajudar a evolução da humanidade e não apenas colher os benefícios das lutas que o homem empreendeu no passado, se quisermos contribuir com a evolução e não apenas deixá-la se escoar, se quisermos ajudar a superação da nossa auto-alienação do espírito e não apenas perpetuá-la, então a meditação — ou uma prática semelhante e verdadeiramente contemplativa — torna-se um imperativo ético absoluto, um novo imperativo categórico. Se fizermos menos do que isso, nossa vida se torna — nem tanto um negócio tão ruim assim — mas uma questão de simplesmente desfrutarmos o nível de consciência que os heróis do passado alcançaram para nós. Não contribuímos em nada, passamos para a frente a nossa mediocridade.[46]

DE VOLTA PARA O LUGAR ONDE COMEÇAMOS

A trilha evolutiva sobe em espiral, cada volta mais alta do que a anterior. Com base nas observações feitas nos capítulos anteriores, podemos afirmar que a humanidade fez grandes progressos e que há muito o que se esperar nos anos vindouros. As mudanças transformadoras que estão se realizando nos dias de hoje ou podem ser aguardadas conforme nos dirigimos para o terceiro milênio abrangem:

- A humanidade transcende todos os papéis baseados em características como sexo, cor e raça à medida que a globalização do trabalho e as atividades de lazer nos permitem concentrar nas aspirações em comum em vez de nos atermos a diferenças aparentes.
- As decisões, tanto as de nível pessoal como as da empresa, se basearão, com um grau de confiança ainda maior, na nossa capacidade de intuição à medida que percebermos que a vida representa muito mais do que aquilo que podemos perceber com nossos sentidos físicos.
- As prioridades econômicas se ajustam de modo a refletir um mundo de abundância perceptível e não de escassez aparente. Isso resulta numa disposição das empresas de colocarem os valores éticos e a responsabilidade social à frente da lucratividade e de estratégias nas quais uma das partes ganha e a outra perde.
- A educação torna-se cada vez mais uma atividade de toda uma vida, cujo objetivo supremo é o conhecimento de si próprio, que conduz a uma valorização maior da auto-estima. As instituições de ensino minimizam a memorização de fatos e se concentram numa compreensão abrangente da relação entre o corpo, a mente e o espírito e na sua importância.
- Os avanços tecnológicos são utilizados para fazer com que as pessoas dediquem mais tempo ao trabalho interior, pois há uma aceitação crescente de que esse é o aspecto da vida que trará um sentimento supremo de paz e satisfação.[47]
- A prosperidade será redefinida para abarcar muito mais do que o poder exterior ou a riqueza material. Essas maneiras tradicionais de medir o sucesso serão consideradas desejáveis apenas se elas também estimularem seres humanos ética, moral e espiritualmente sensíveis, motivados sobretudo pelo desejo de desenvolver relacionamentos dedicados, duradouros e de auxílio mútuo com todos os outros habitantes do planeta.
- Os investimentos socialmente responsáveis (SRI) tornam-se a regra e não a exceção. Mais especificamente, os investidores colocarão um peso crescente na filtragem do SRI à medida que se tornar mais evidente que esses filtros oferecem a melhor forma de determinar a qualidade geral do gerenciamento de uma empresa,

154 ♦ *Capitalismo Consciente*

identificando aquelas que mantêm melhores relações entre empregados e clientes.

No início deste livro, os sete Princípios Herméticos foram descritos de forma detalhada. Esses Princípios indubitavelmente desafiaram o sistema de crenças de muitos leitores, pois seu significado extrapola aquilo que a maioria das pessoas vivenciou pessoalmente. O intelecto reluta compreensivelmente em aceitar o que não pode ser percebido através dos sentidos. À medida que prosseguimos na nossa jornada, aprofundando nosso trabalho interior, a sabedoria eterna nos assegura que um nível mais elevado de realidade irá se revelar, em conformidade com uma autoconsciência expandida. Os fundadores das principais religiões do mundo nos disseram, tanto indiretamente, por meio de parábolas, quanto diretamente, pelas escrituras, que na hora certa poderemos entrar pessoalmente em contato com a substância mental que compõe todas as manifestações físicas. A humanidade conhecerá a estrutura hierárquica do universo com seus níveis vibracionais ascendentes e as correspondências que existem entre os vários níveis. Seremos capazes de compreender as causas que estão por trás de todos os efeitos e a unidade que está por trás de todos os pares de opostos. Veremos o ritmo subjacente que nos balança de um pólo ao outro à medida que aprendemos nossas lições. E ficaremos ainda mais próximos de um estado andrógino, equilibrado, à medida que compreendermos que existe realmente apenas "uma coisa" e que essa "coisa" contém dentro de si todas as outras coisas. À proporção que a humanidade evoluir, ela se aproximará cada vez mais de uma vida em harmonia com a maneira como as coisas eram antes do início da jornada involutiva e com a maneira como a vida está destinada a ser, tão logo a passagem evolutiva tenha terminado.

Este livro começou com várias citações. Vaclav Havel descreveu os tempos confusos e caóticos em que vivemos, enquanto Anita Roddick falou sobre a necessidade de uma nova estrutura para a empresa para que ela possa ser uma força na mudança social. O caos e a sublevação levam a oportunidade de conquistas a novos níveis de compreensão. Como está descrito ao longo deste livro, o meio empresarial atualmente está na vanguarda de um modelo de mudança. Assim que uma ética baseada na totalidade (cooperação e concriação), solidariedade (atenção e compartilhamento) e generosidade (acesso a todas as necessidades do corpo e aos anseios do coração) for adotada — como alguém que se baseia nos sete Princípios Herméticos é obrigado a fazer —, as empresas em todo o mundo terão a oportunidade de conduzir a humanidade a alturas sem precedentes.

No último capítulo será apresentada uma série de entrevistas pessoais detalhadas e longas incursões de estudo, com o intuito de se oferecer uma visão abrangente de duas empresas com históricos ricos de liderança voltada para os valores. Embora eles não sejam identificados explicitamente, os sete Princípios Herméticos estão evidentes na condução das práticas diárias dessas duas empresas. À medida que estudarmos suas atividades e suas políticas, perceberemos uma maior aceitação e uma maior valorização do caráter prático dessa antiga sabedoria.

Notas

1. Jeremy Rifkin. *The End of Work: The Decline of the Global Labor Force and the Dawn of the Post-Market Era* (Nova York: Jeremy P. Tarcher/Putnam Books, 1995), p. 7.
2. "Apocalypse — But Not Just Now", *Financial Times*, 4 de janeiro de 1993, p. 30.
3. Rifkin, citando sua entrevista com Michael Hammer, 6 de maio de 1994, p. 103.
4. Ibid, 190.
5. Pascal G. Zachary. "Worried Workers", *Wall Street Journal*, 8 de junho de 1995, p. 1(A).
6. Ibid.
7. Rifkin, p. 61.
8. Ibid, p. 13.
9. "Share the Work", *Investor's Business Daily*, 6 de junho de 1997, p. 1(B).
10. E. Sanger e Steve Lohr. "The Downsizing of America, Is There a Better Way? A Search for Answers", *New York Times*, 9 de março de 1996, p. 10.
11. Paul Sperry. "Corporate Bulimia", *Investor's Business Daily*, 9 de abril de 1996, p. 4(A).
12. Carrie R. Leana. "Why Downsizing Is Bad for Business", *Philadelphia Inquirer*, 5 de janeiro de 1996, p. 15(A).
13. Strauss & Co. Announces Plant Closure Plans in the U.S.", San Francisco, CA, 3 de novembro de 1997; disponível na http://www.levistrauss.com; acessado em 10 de novembro de 1997.
14. Rifkin, p. 247.
15. Ibid, pp. 22-3.
16. Gene Koretz. "How Many Hours in a Workweek?", *Business Week*, 16 de junho de 1997, p. 28.
17. Gene Koretz. "Yankees: Nose to the Grindstone", *Business Week*, 4 de setembro de 1995, p. 28.
18. Rybczynski. *Waiting for the Weekend* (Nova York: Viking Penguin, 1991), pp. 52-53.
19. Harman, p. 129.

156 ◆ *Capitalismo Consciente*

20. Ibid, p. 146.
21. Rifkin, p. 233.
22. "Time with Kids More Important than Money", *Investor's Business Daily*, 11 de junho de 1996, p. 4(A).
23. Rybczynski, p. 21.
24. Rifkin, p. 222.
25. Stephen Moore e Dean Stansel. *How Corporate Welfare Won*, Policy Analysis 254 (Washington: The Cato Institute, 1996), p. 1.
26. John Merline. "Corporations at the Trough?", *Investor's Business Daily*, 12 de março de 1996, p. 1(A).
27. Ibid.
28. *Yearning for Balance*, p. 1.
29. Ibid, p. 3.
30. Ibid, p. 4.
31. Ibid, p. 15.
32. Ibid, p. 16.
33. Ibid, p. 23.
34. John Ashbery. "A Last Word from a Poet", *Forbes*, 14 de setembro de 1992, p. 193.
35. Ibid.
36. Peter Russell. "A Shift in Consciousness: Implications for Business", entrevista de Willis Harman, *World Business Academy Perspectives* 9, nº 4 (1995): p. 65.
37. Faivre, p. 105.
38. *Great Religions of the World* (Nova York: National Geographic Book Service, 1978), pp. 36-37.
39. Stanley Wolpert. *India* (Oxford: University of California Press, 1991), pp. 124-125.
40. Aryeh Kaplan. *Meditation and Kabbalah* (York Beach, ME: Samuel Weiser, 1982), p. 3.
41. Havel, p. 6.
42. Lawrence LeShan. *How to Meditate* (Nova York: Bantam Books, 1974), p. 7.
43. Swami Prabhavananda e Christopher Isherwood, trad. *How To Know God: The Yogi Aphorisms of Patanjali* (Nova York: Mentor Books, 1969), p. 28. [*Como Conhecer Deus*, publicado pela Editora Pensamento, São Paulo, 1988.]
44. LeShan, pp. 8, 11.
45. Joseph Pereira. "The Healing Power of Prayer Is Tested By Science", *Wall Street Journal*, 20 de dezembro de 1995, p. 1(B).
46. Wilber, p. 321.
47. Ibid, p. 325.

·9·

A História de
Duas Empresas

O pensamento transformador adotado por líderes de todo o mundo industrializado foi descrito nos capítulos anteriores. As empresas começaram a implementar práticas que já foram consideradas fantasias de torre de marfim. Algumas dessas mudanças têm sido claramente de natureza defensiva e, pelo menos inicialmente, são motivadas pela expectativa de publicidade positiva. Não obstante, muitas empresas estão fazendo mudanças importantíssimas na maneira como elas estão estruturadas, na organização de suas prioridades e na conduta que elas exibem com relação aos seus conselhos. Quem são as pessoas que estão na vanguarda dessas mudanças? Quais as empresas que fizeram os maiores progressos na integração do pensamento holístico com iniciativas de políticas pragmáticas? Para responder a essas perguntas, começamos a procurar uma organização cuja liderança seja motivada pela combinação de idealismo e pragmatismo e cuja prioridade seja promover o bem comum. Uma organização como essa provavelmente incluiria o tipo de empresas que estamos procurando.

A CERES (Coalition for Environmentally Responsible Economies) foi criada em 1989 e se gaba de que entre seus associados se incluem investidores, ativistas ambientais, organizações religiosas e representantes do movimento dos trabalhadores. Sem recorrer a atos de confronto ou hostis, a CERES estimula as empresas a ficarem mais atentas ao meio ambiente. Como as organizações associadas a ela representam mais de dez milhões de pessoas e têm mais de 150 bilhões de dólares em patri-

158 ◆ *Capitalismo Consciente*

mônio investido, elas têm bastante influência e um grande interesse no sucesso financeiro da comunidade empresarial. Forjando um relacionamento de respeito mútuo e cooperação entre o público em geral e o mundo empresarial, a CERES tenta desenvolver uma atmosfera onde todas as partes podem reivindicar o sucesso.[1] O fato de ser associado à CERES não significa um selo de aprovação nem um certificado. As empresas que se comprometem a melhorar paulatinamente suas práticas ambientais, e relatam todos os anos os progressos alcançados, merecem recomendação por seu empenho visível. E o que é mais importante, tornando-se signatárias, elas concordaram corajosamente em prestar contas publicamente sobre um grande leque de diretrizes e atividades. As empresas que endossam os princípios da CERES (veja Figura 9-1) assumem o compromisso de monitorar e melhorar suas práticas ambientais em várias áreas especificamente delineadas.

Empresas de todos os tipos e tamanhos, incluindo um número expressivo delas, relacionadas na revista *Fortune 500* estão representadas. Parece sensato esperar que essas empresas voltadas para o futuro também demonstrem grande sensibilidade com relação às necessidades de todos os seus acionistas. Dessa lista, foram selecionadas duas empresas. As empresas escolhidas para uma análise detalhada têm características operacionais bastante diferentes; no entanto ambas têm uma longa história de liderança arrojada. Elas fornecem para duas indústrias básicas e ambas as empresas enfrentam uma grande pressão competitiva. Uma delas é bem pequena; a outra, relativamente grande. Uma pertence à iniciativa privada; a outra, ao setor público. Uma reconhece que há muito trabalho a fazer no campo da redução da poluição, ao passo que a outra é famosa por sua dedicação inabalável ao meio ambiente. Como está descrito abaixo, ambas as empresas têm inúmeras qualidades que valem a pena ser imitadas.

WALNUT ACRES — UMA EMPRESA TÃO ANTIGA QUANTO AS MONTANHAS

Um dos pioneiros a exibir uma liderança inovadora e igualitária foi Paul Keene. Em 1946, ele fundou a Walnut Acres e introduziu um "novo" método de agricultura nos Estados Unidos. Iniciando suas atividades de forma bastante simples, a empresa se transformou na maior produtora de alimentos orgânicos do país que faz vendas por reembolso postal. Essa organização, dirigida pela família e pelos empregados, cobre todas as facetas do negócio de alimentos orgânicos, incluindo cultivo, processamento, empacotamento e distribuição de mais de 350 produtos. Todos os anos aproximadamente trinta mil pessoas visitam sua fábrica, de dez mil metros quadrados, que enlata sessenta embalagens de sopa por minuto e um moinho que mói cerca de quinhentos quilos de trigo integral por hora.[2] Apesar do uso de um equipamento tão moderno, a empresa mantém-se fiel aos métodos tradicionais de plantio de alimentos orgânicos baseados nos de Sir Albert Howard, visionário inglês do ramo da agricultura, que disse: "Cada geração tem o dever sagrado de manter ilesa a herança de um solo saudável e fértil, [e] sempre devolver a ele mais do que retira."[3] Seria educativo ver de onde veio este respeito inabalável pela mãe natureza e de que maneira ele se manifesta nas operações da empresa.

Plantando as Sementes

A filosofia que está por trás da Walnut Acres começou na Índia, onde o fundador Paul Keene e sua mulher Betty, atualmente falecida, se conheceram e se casaram. A decisão de Keene de mudar sua carreira e seu estilo de vida foi tomada no final da década de 30. Depois de terminar sua pós-graduação em Yale em 1936, ele deu aulas de matemática na Drew University em New Jersey. Não demorou muito para que sentisse necessidade de ir além do que estava fazendo e fosse à Índia lecionar numa expedição missionária. Enquanto esteve naquele país, ficou bastante influenciado pelo povo indiano.[4] Sentia que eles possuíam alguma coisa que estava faltando em sua vida, e foi impelido a empreender uma busca por esse elemento ausente. Eles pareciam ser capazes de se acomodar às circunstâncias, acreditando que a vida representava mais do que bens materiais. Poderia quase se dizer que na pobreza daquele povo residia sua riqueza.[5] Na Índia, ele fez parte da delegação de americanos que se juntou para apoiar Mahatma Gandhi em seu movimento pela independência. Ficou conhecendo Gandhi e, juntamente com outros, costumava acompanhá-lo em suas caminhadas matutinas.[6] Quando a carreira que havia planejado não encerrava mais a promessa de satisfação, ele começou a se perguntar se não havia se afastado demais da essência da vida. Em sua busca pela qualidade que faltava em sua vida, ele perguntou a Gandhi qual era a melhor maneira de uma pessoa jovem servir a humanidade e o mundo. Gandhi lhe respondeu: "Quando voltar

160 ♦ *Capitalismo Consciente*

para casa, nos Estados Unidos, você tem de dar tudo o que possui. Não fique com nada. Depois disso, você estará livre para falar e agir. As portas se abrirão para você." Apesar de não ter seguido o conselho de Gandhi em todos os aspectos, ele optou por uma vida onde iria ficar em maior contato com os princípios fundamentais da vida e mais diretamente ligado ao solo, como as pessoas da Índia.[7]

Um ano depois de ter voltado aos Estados Unidos, Keene estava certo de que uma carreira na área da matemática não ia ao encontro de seus desejos mais íntimos. Com o apelo da terra lhe acenando, ele e sua esposa se matricularam numa escola de agricultura orgânica. Isso os levou à compra de uma fazenda de 44 hectares na minúscula vila de Penns Creek, na Pensilvânia.[8] Nos anos que sucederam, ele seguiu muitos dos conselhos de Gandhi. Desistiu da profissão acadêmica, cedeu parte da propriedade de sua empresa aos empregados e criou uma fundação beneficente que conta com o total apoio dos empregados e o suporte financeiro da empresa. Segundo Keene: "Toda a nossa vida temos tentado ser prestativos e pensar que todas as pessoas neste mundo são nossos irmãos e irmãs. É difícil viver de acordo com esse princípio, mas afinal de contas, acho que essa é a base da vida."[9]

A Retribuição

A Fundação Walnut Acres foi criada em 1960 para dar espaço e apoio a todos aqueles que enfrentam adversidades. Com operações locais e internacionais, ela está envolvida em atividades centradas na comunidade e em programas de assistência à vida. A empresa doou um pedaço de terra para a construção de um centro comunitário em sua cidade natal de Penns Creek que, na época, estava sofrendo com os recursos econômicos limitados da vizinha região dos Apalaches. O centro patrocina atividades para moradores de todas as idades e abriga uma creche e uma pré-escola. O outro beneficiário da fundação, a *Family Village Farms*, criada em 1969 no sul da Índia, proporcionou um escoadouro tangível para a crença arraigada de Keene na unidade de todas as pessoas. Essa gleba de terra de quarenta mil metros quadrados foi comprada para a construção de um orfanato e uma escola que se dedicam a ensinar habilidades vitais às crianças de rua, em conformidade com o princípio gandhista de indústrias caseiras. O principal objetivo desses dois programas é ajudar as crianças a desenvolverem todas as suas potencialidades: física, mental e espiritualmente.

Um dos aspectos extraordinários da fundação é que todas as doações podem ir diretamente aos beneficiários. Isso acontece porque a Walnut Acres, seus empregados e voluntários dedicam seu tempo, energia e recursos à administração da fundação. Todos os salários, propagandas, material impresso, gastos com correio e despesas gerais são pagos pela empresa. Como Bob Anderson, genro de Keene e presidente da Walnut Acres, observa: "Queríamos mostrar o que as empresas podem e devem fazer, e que as comunidades não precisam depender apenas do governo para obter o que necessitam."[10] Como é que essa filosofia de repor mais do que é retirado se manifesta no consumidor, nos empregados e nas políticas ambientais da empresa?

Fincando Raízes

No começo, os Keenes tiveram de inverter a prática até então popular de extrair até o último resquício de fertilidade do solo e começar o processo de acrescentar matéria orgânica extra para que a terra pudesse ser renovada. Arrancar do solo colheitas lucrativas não era fácil e a família composta de cinco membros tinha de viver com poucos recursos. Muitas vezes eles eram segregados por causa de suas práticas pouco convencionais; eram chamados de comunistas, ameaçados e tiveram uma cruz queimada em sua propriedade por serem tão diferentes.[11] O compromisso obstinado de tratar a terra com o maior respeito lhes deu forças para perseverar. Keene escreve:

> Toda a nossa ênfase tem sido tratar o solo como a entidade viva que ele é, alimentá-lo abundantemente com nutrientes naturais, para que ele possa, dessa forma, alimentar as plantas. Percebemos que o solo é semelhante à vida que ele sustenta. Eles são fortes e fracos ao mesmo tempo.[12]

Na fazenda Walnut Acres, de aproximadamente duzentos hectares, a empresa cultiva cerca de 630 toneladas de produtos orgânicos todos os anos. Desde sua fundação, a Walnut Acres nunca utilizou pesticidas, herbicidas, conservantes, corantes ou outros produtos sintéticos e observa uma rigorosa rotação de culturas, plantio em curva de nível e plantio na palha. Para minimizar as eternas pragas, todos os anos é feito um rodízio de culturas; o campo de milho do ano passado se transforma no

162 ♦ *Capitalismo Consciente*

campo de aveia deste ano, no de ervilhas do próximo ano e no de trigo no ano seguinte. No quinto ano, o campo é semeado com sementes de alfafa e trevo e deixado sem cultivo para dar à terra uma chance de se recuperar.[13]

A teoria de Keene é que, se interferirmos o mínimo possível na natureza e a tratarmos como a entidade viva que ela é, ela cuidará de nós. Ele acredita que é essencial desenvolver um solo saudável para cultivar plantas saudáveis, que têm menor probabilidade de serem atacadas por pragas do que plantas fracas. A comprovação dessa teoria veio quando uma equipe de entomologistas de Penn State fez uma inspeção na Walnut Acres e não encontrou mais insetos destruidores do que normalmente se encontra numa fazenda convencional que pulveriza pesticidas.[14] Tim Bowser, diretor-executivo da Pennsylvania Association for Sustainable Agriculture, chama a atenção para o fato de que existe uma preocupação crescente com os efeitos da agricultura convencional no meio ambiente. O resíduo químico que se escoa das fazendas na parte leste e central da Pensilvânia foi considerado responsável pela morte de plantas subaquáticas na Baía de Chesapeake e, em alguns lugares, de 99 por cento dos bancos de ostras. Steve Bowes, um fazendeiro da região que cultiva produtos orgânicos, concorda: "De uma maneira ou de outra, os fazendeiros que usam produtos químicos vão pagar pela solução rápida que adotaram... Isto os tira de dificuldades a curto prazo, mas a longo prazo eles pagam o preço pelo impacto ambiental na fazenda e nos rios."[15] Embora a aplicação de produtos químicos nas plantações possa matar os insetos, essa prática abala o equilíbrio da natureza, provocando uma reação adversa nos insetos, nos pássaros e em outros animais desejáveis.

Como um desdobramento natural da sua sensibilidade ambiental, a Walnut Acres procura persistentemente encontrar meios de minimizar, reciclar e reutilizar a maior quantidade possível de material. Ela eliminou os materiais de enchimento em todas as caixas que não contêm lata ou vidro, tornando possível o uso de caixas menores. A empresa usa dois produtos de papel reciclado, papel "falso" e papel-jornal, onde não é necessário uma grande quantidade de enchimento. Diplomaticamente, eles fizeram pressão sobre os fornecedores de plástico-bolha utilizados no acondicionamento de embalagens de vidro e lata que exigiam maior proteção, para que eles encontrassem materiais reciclados tais como sobras e aparas da fábrica e embalagens plásticas usadas. Os boletins informativos da Walnut Acres e todas as formas de faturas são impressas em papel reciclado. Os esforços internos de reciclagem abrangem a

A *História de Duas Empresas* ◆ **163**

utilização dos papéis dos dois lados e a doação posterior desse papel usado para associações de cegos, para a compostagem de material orgânico, além de uma ampla conscientização pública por meio de seus catálogos, das embalagens dos produtos e de correspondência direta. Os recipientes de todos os tipos são reutilizados sempre que possível e os papéis, vidros e materiais de metais que não podem ser reutilizados são recolhidos para serem reciclados. A empresa participa do programa Penn ReLeaf, patrocinando o plantio de três árvores para cada uma utilizada na impressão do seu catálogo. Para a Walnut Acres, difundir essa prática e ajudar outras empresas a se juntarem aos esforços de reciclagem, "... não é uma coisa evangélica", diz Bob Anderson. "É a nossa maneira de ser."[16]

O modo como os negócios na Walnut Acres se desenvolveram do plantio de grãos e vegetais para alimentos preparados e a criação de galinhas e gado exemplifica sua postura política. "Colhemos mais grãos do que poderíamos vender", explica Anderson. "Então, fizemos farinha. Beneficiamos mais farinha do que poderíamos vender, então abrimos uma padaria e fizemos pão e *muffins*. O aumento da produção de farinha produziu resíduos industriais. A conseqüência lógica foi a criação de galinhas e de gado que pudessem se alimentar com os restos. Isso gerou esterco para os campos, fechando, dessa forma, o ciclo."[17]

Outras políticas "verdes" adotadas pela empresa são:

◆ Redução do uso de energia elétrica por meio de um sistema de gerenciamento de energia computadorizado.
◆ Sistema de escalonamento de horas de trabalho, para que as cargas de energia exigidas sejam utilizadas em fases.
◆ Estímulo para que os empregados levem material reciclável de casa para que a empresa proceda a sua seleção e disposição.
◆ Inspeção regular de todos os tanques de combustível para se assegurar de que estejam selados e seguros.
◆ Fabricação de fertilizantes de todos os tipos de lixo vegetal.
◆ Reciclagem da água para uso na irrigação.
◆ Reutilização de recipientes sempre que possível.

Resumindo, eles olham para virtualmente tudo o que podem fazer no contexto de um ciclo de vida completo. Adotando essa abordagem, a administração pergunta: "Qual é a visão a longo prazo de todo o processo e como podemos usar o que outras pessoas consideram resíduo ou lixo de forma construtiva para melhorar nosso cultivo?"[18] Isso os man-

164 ♦ *Capitalismo Consciente*

tém sempre à frente e, conseqüentemente, não é preciso que as normas governamentais os incitem a fazer a coisa certa.

O Respeito às Pessoas que Você Serve

Bob Arderson é rápido em reconhecer que, assim como a força da fazenda vem de suas práticas agrícolas, a força de sua empresa vem dos seus empregados e clientes.[19] Logo, a administração está bastante voltada para o fator humano. Sempre que uma decisão precisa ser tomada, eles fazem a si mesmos uma pergunta simples: "Como eles gostariam de ser tratados?" Nenhum produto novo pode ser vendido antes que a família o tenha provado e considerado saboroso. "A filosofia básica desta empresa", diz Anderson, "é que somente vendemos aquilo que poríamos na nossa própria mesa."[20] Eles têm um seguro de garantia de qualidade para seus clientes; sempre que um produto precisa ser trocado ou o dinheiro ressarcido, nenhuma pergunta é feita. Na opinião de Anderson: "O principal erro que a maioria das empresas faz é se colocar contra o consumidor. A verdade é que todos nós estamos numa indústria de serviços. É a qualidade do serviço que nos permite crescer."[21] Como a maioria dos consumidores dos seus produtos é sensível às questões do meio ambiente, a empresa os recompensa com um certificado de desconto de cinco dólares pelo retorno das embalagens plásticas de poliestireno não-recicláveis exigidas por alguns produtos. Em suma, eles sabem que seus consumidores são o segredo do seu sucesso e os tratam com a devida consideração.

Compartilhar é se Preocupar

A Walnut Acres reconhece que cada empregado representa um consumidor; portanto, a prioridade da empresa é a prestação de um serviço excepcional. Assim como eles têm um seguro de garantia de qualidade para os clientes, eles adotaram também uma política de não culpar os empregados quando algo não vai bem. "O único problema é aquele que eles não nos relatam. Se há um problema com a produção ou com o serviço, queremos saná-lo imediatamente. Estamos juntos nisso", diz Anderson.[22]

A História de Duas Empresas ♦ **165**

Um dos critérios para se trabalhar na Walnut Acres é a disposição de trabalhar em qualquer lugar e fazer qualquer coisa. Quando necessário, os empregados param de descascar tomates na fábrica de enlatados e preenchem pedidos de encomenda no departamento de pedido por reembolso postal. Anderson crê que isso é muito saudável. As pessoas do setor de atendimento ao consumidor têm uma perspectiva real do que se passa na fábrica de enlatados, bem como em outros departamentos.[23] De um ponto de vista pragmático, isso não apenas faz as coisas andarem, mas também elimina a necessidade de contratar e treinar mão-de-obra temporária nos períodos de maior movimento.[24] A empresa se empenha bastante para manter um ambiente de trabalho agradável; quando minha mulher e eu visitamos a fábrica com Bob Anderson, ele cumprimentou cada empregado pelo nome. Tendo crescido numa família de operários, ele sabe que todo trabalho é digno. Com sinceridade total, ele disse que o trabalho do pessoal da limpeza é tão importante quanto o seu, pois apenas mantendo a fábrica impecável eles podem evitar o uso de pesticidas.

Assim como as outras empresas, a Walnut Acres está constantemente trabalhando no sentido de melhorar a produtividade e, não muito tempo atrás, eles instalaram um sistema sofisticado de reembolso postal computadorizado. Na maioria das empresas, uma iniciativa como esta acabaria gerando ansiedade entre os empregados e resultaria em demissões. Nessa empresa, a administração se reúne com as pessoas mais ameaçadas e lhes assegura que sua habilidade e lealdade são valorizadas e que todos terão emprego enquanto forem flexíveis e estiverem dispostos a trabalhar onde se fizer necessário. Ninguém jamais foi despedido por causa da adoção de uma nova tecnologia e nenhum salário foi reduzido por causa da mudança de setor. A eficiência obtida com a computadorização foi usada para expandir as horas de serviço e, com o tempo, o remanejamento permitiu à empresa utilizar seu quadro de funcionários de forma mais eficaz.

A Walnut Acres tem um plano generoso para permitir que seus empregados participem do sucesso financeiro da empresa. Por meio de um plano de participação acionária, os funcionários recebem ações da empresa depois de dois anos de emprego e um número de cotas adicionais anualmente até um período de vinte anos. Para obter informações de todos os níveis da organização, três dos sete membros da diretoria são empregados. Outros benefícios mais tradicionais abrangem horário de trabalho flexível e estímulo para os empregados trabalharem em casa

166 ◆ Capitalismo Consciente

quando isso traz um benefício mútuo. Anderson acredita que essas políticas com os funcionários produziram uma força de trabalho motivada, leal e produtiva; talvez a melhor prova disso seja o fato de que não tem havido virtualmente rotatividade de funcionários.[25]

Para terminar minha entrevista com Bob Anderson, perguntei-lhe que papel a espiritualidade desempenhava no mundo dos negócios. Sem hesitar, ele respondeu:

> "Acho que ela [espiritualidade] é o centro do nosso negócio... Parte da responsabilidade por ocupar espaço ou ter o que você tem é a obrigação de retribuir. A abordagem que usamos com nossa agricultura é a mesma que usamos com a comunidade. A abordagem a longo prazo de qualquer empresa realmente tem de ser a abordagem holística ou então ela se torna uma empresa não necessariamente sustentável a curto prazo.[26]

Uma Conduta Difícil de Ser Imitada

É difícil encontrar uma falha sequer em qualquer uma das filosofias e práticas da Walnut Acres. Em vários aspectos, entretanto, a empresa é bastante incomum; ela tem conseguido se distanciar de muitos dos problemas do "mundo real" de hoje. Como as preocupações ambientais foram priorizadas desde a fundação da empresa, o controle da poluição é uma questão menor em comparação com o que a maioria das fábricas e distribuidoras enfrenta. Além do mais, como eles estão localizados numa região rural relativamente próspera e seus empregados vêm de uma população razoavelmente homogênea, eles não têm de se debater com a questão da diversidade, nem nos seus aspectos divisórios nem nos regenerativos. Eles também conseguem evitar as divergências entre administração e trabalhadores que freqüentemente se desencadeiam quando todos ou uma parte dos empregados de uma empresa são sindicalizados. Finalmente, sendo uma empresa privada, eles não têm de obedecer às exigências tacanhas e muitas vezes irreais dos acionistas. A Walnut Acres é um membro atípico do meio empresarial; tanto por propósito quanto por circunstâncias, suas características distintas têm conseqüências negativas e positivas. Num aspecto positivo, a Walnut Acres tem maior liberdade para tomar medidas progressistas e um tanto controversas do que as organizações com uma postura mais tradicional. Conseqüentemente, eles podem estabelecer as tendências que serão seguidas pelas outras indústrias. Num aspecto negativo, essa liberdade os coloca tão à frente da maioria das empresas que sua situação pode ser encarada como utópica demais para receber a devida atenção. Para obtermos um quadro mais abrangente do panorama empresarial, precisamos analisar uma empresa que enfrenta muitas das questões que a Walnut Acres — em grande parte por seus próprios méritos — tem sido capaz de contornar.

SUN COMPANY — É UM NEGÓCIO SUJO MAS ALGUÉM TEM DE FAZÊ-LO

A Sun Company é uma das maiores refinadoras de petróleo e comerciantes de gasolina dos Estados Unidos. A empresa opera cinco refinarias nos Estados Unidos e comercializa gasolina sob a marca Sunoco em cerca de 3.800 postos de gasolina em dezessete Estados. Além disso, ela vende lubrificantes e produtos petroquímicos em todo o mundo, opera oleodutos e terminais no país, mineração de carvão e operações de produção de coque no leste do país. A Sun tem uma receita de mais de dez bilhões de dólares e emprega por volta de doze mil pessoas em todo o mundo.[27] Quase todos esses negócios oferecem desafios extraordinários com respeito à proteção ambiental, à saúde e segurança de seus empregados e da comunidade à sua volta.

A Sun foi fundada oficialmente em 1886 quando Joseph Newton Pew e Edward O. Emerson se aventuraram nos primeiros campos de petróleo de Ohio. Sua parceria começara na realidade dez anos antes quando eles criaram uma empresa para levar gás encanado para locais de perfuração de petróleo em Bradford, na Pensilvânia. O sucesso com seus contratos de exploração de petróleo em Ohio levou à constituição oficial da Sun Oil Company (Ohio) em 1890.[28] "Newton", como ele sempre foi chamado, nasceu em 25 de julho de 1848, apenas onze anos antes que Drake perfurasse o primeiro poço de petróleo do mundo em Titusville, Pensilvânia. O mais novo dos dez filhos de John e Nancy Glenn Pew, ele foi criado num fazenda em Mercer, Pensilvânia, a apenas 65 quilômetros do que mais tarde veio a ser o centro de produção de petróleo no oeste da Pensilvânia.[29] Sua família lhe incutiu a ética de trabalho presbiteriana e ele sempre foi conhecido pelos companheiros como um homem temente a Deus, voltado para os valores espirituais e com sólidos princípios morais.[30]

168 ♦ *Capitalismo Consciente*

J. Howard Pew, filho de Newton, exercia discutivelmente a maior influência sobre a Sun, pois durante cerca de setenta anos ele esteve ativamente envolvido com a empresa. Assumiu a presidência em 1912 e se aposentou como presidente do conselho em 1970. A famosa preocupação da Sun com o bem-estar de seus empregados era, em grande parte, reflexo dos altos padrões de conduta de J. Howard Pew. Conta-se que ele costumava ficar sentado durante horas ao lado da cama de hospital de um empregado ferido porque se sentia pessoalmente responsável. Mesmo depois de quarenta anos com a empresa ele ainda conhecia centenas de funcionários da refinaria pessoalmente e podia perguntar pelos filhos deles chamando-os pelo nome.[31] Segundo Robert Donahue, que foi vice-presidente da Sun: "J. Howard tratava seu pessoal de forma muito humana e em vários aspectos estava realmente à frente de seu tempo."[32]

Estabelecimento de Valores Duradouros

Como os Pews participaram ativamente da administração da empresa durante oito décadas, o caráter da Sun está imbuído de seus valores. Esses valores enfatizavam integridade, respeito pelos outros, lealdade, incentivo, talento individual, responsabilidade com a comunidade e com o país. Esse espírito influenciou o modo como a Sun tratava seus empregados, conduzia suas negociações, operava seus negócios diariamente e interagia com pessoas e acontecimentos fora da empresa.[33] "Nunca tive dúvidas do que significava quando eles diziam: 'Vamos fazer a coisa certa'." Na verdade, essa frase ecoava constantemente nos ouvidos de M. D. Noble, presidente aposentado da Sun Exploration Company. Na década de 30, no auge dos trabalhos de perfuração do campo de petróleo East Texas, quando os poços estavam jorrando, havia inúmeras oportunidades para se ganhar dinheiro rápido e de forma desonesta, e muitos sucumbiram à tentação. Era possível, por exemplo, ultrapassar o limite de produção estabelecido para cada empresa pela Texas Railroad Commission. A Sun poderia ter extraído uma quantidade muito maior de petróleo, mas a ordem de Jack Pew era clara e simples: "Quem trapacear será despedido."

Em todos os esforços da Sun esperava-se uma conduta ética, inclusive na sensível área antitruste. Segundo Samuel K. White, o primeiro consultor geral da empresa: "Tínhamos regras bastante rígidas com relação a combinar aumentos de preço com os concorrentes. A Sun era famosa na indústria por não lidar com esse tipo de coisa. As outras empresas sabiam disso." Como a cúpula da empresa tinha sido sempre taxativa com relação a essas questões, a Sun manteve uma reputação de ser honesta, confiável e cooperativa. Na indústria suja e rude do petróleo, a empresa é conhecida como uma em que as pessoas podem fazer acordos com um aperto de mãos. Citando J. Colbert Peurifoy, diretor aposentado da divisão de carvão da região oeste da empresa: "Nunca voltamos atrás num contrato de exploração, mesmo se descobríssemos mais tarde que esse acordo não era dos mais vantajosos para a Sun."[34] No final, o modo de agir da Sun foi formalizado em várias declarações, as duas mais recentes estabelecidas em fevereiro de 1994. Uma delas delineava o objetivo da empresa e a outra deixava claro seus valores. A primeira dessas declarações está reproduzida abaixo:

> Objetivo: Ser uma fonte de excelência para nossos consumidores; oferecer uma experiência profissional desafiadora para nossos empregados; ser um investimento recompensador para nossos acionistas; ser um cidadão respeitado da comunidade e do país.

A Única Certeza...

Qualquer organização que tenha estado operando por mais de cem anos tem sua parcela de mudança. A Sun Company não é uma exceção. Segundo Robert McClements Jr., presidente e diretor-executivo aposentado da empresa: "Esta empresa prosperou... algumas vezes adaptando-se à mudança, outras adotando-a e, na maioria das vezes, iniciando-a."[35] Embora todas as empresas enfrentem continuamente mudanças nas condições de mercado, o destino da indústria de petróleo foi de um extremo ao outro. No início, a Sun desfrutava de um clima de negócios hospitaleiro. Um mercado de energia favorável, somado a uma pressão mínima por resultados financeiros a curto prazo, permitiu que a empresa adotasse políticas que colocavam as pessoas antes dos lucros. Como Arch Ballou, que trabalhou na empresa durante 46 anos, relembra: "Durante os primeiros trinta anos que trabalhei lá, era difícil alguém sair da empresa." De fato, acreditava-se que um emprego na Sun era um emprego para toda a vida.[36] Formou-se um espírito de parceria entre os empregados e a administração da empresa. Ao longo dos anos, muitos programas progressistas foram instituídos, entre eles:

170 ♦ *Capitalismo Consciente*

♦ Em 1926 a Sun tornou-se uma das primeiras empresas do país a oferecer um plano de compra de ações para os empregados.

♦ Em 1970, foi criada uma escola de treinamento administrativo e os empregados passaram a ser responsáveis por sua própria ascensão profissional.

♦ A Sun foi a primeira empresa da indústria petrolífera a criar o sistema de concursos para emprego e iniciar o aconselhamento de recolocação profissional.

♦ Em 1996, reconhecendo a necessidade e o desejo crescentes de seus empregados por um trabalho de meio-período, a Sun estabeleceu uma política que permitia que esses empregados continuassem a receber cobertura total de atendimento médico e dentário pagos integralmente pela empresa.

Como expressou Bill Rutherford, antigo vice-presidente sênior de recursos humanos: "Ajudar as pessoas a usar seu talento de forma mais completa e a tomar suas próprias decisões com relação à carreira é uma forma de dar continuidade à tradição da Sun de se preocupar com as pessoas."[37]

Depois da alta dos preços do petróleo e do gás na segunda metade da década de 70, a indústria de energia atravessou tempos difíceis. No início dos anos 80, ficou claro que para que a Sun continuasse a ser uma indústria-líder, ela precisava de um estilo de administração mais flexível e de uma sólida estrutura financeira. As empresas de energia começaram a reduzir os níveis de emprego e a mudar suas estruturas. Com a Sun não foi diferente; seu estilo precisava continuar a evoluir com os tempos. Como Robert H. Campbell, atual presidente do conselho de administração, afirmou há dez anos:

> Qualquer empresa que não reconhecer a competitividade do mundo atual não irá completar cem anos. Porém, ainda lutarei para que, mesmo com todas as mudanças, a Sun mantenha seus valores tradicionais.[38]

Autodescoberta — Nível II

Como vimos nos capítulos anteriores, as empresas são organizações vivas compostas por organismos vivos (os empregados). Portanto, é tão importante que as empresas que queiram maximizar seu potencial se

A *História de Duas Empresas* ◆ **171**

engajem em atividades introspectivas quanto é para as pessoas. A importância desse exercício foi reconhecida na publicação da Sun, *Centennial Celebration: The Story of Sun Company*, publicada em 1986 na comemoração do centésimo aniversário da empresa. Como menciona a publicação:

> Para desfrutar de um futuro tão privilegiado quanto no passado, a Sun tem de acompanhar cuidadosamente o presente e olhar com confiança para o futuro. Para isso, o melhor que ela tem a fazer é **conhecer a si própria**.[39] (com a devida ênfase)

Para permanecer fortes financeiramente e ser competitivas, as empresas precisam se reinventar continuamente. Para isso é necessário fazer aquisições, dispor de bens e/ou reorganizar sua estrutura. Em 1988, a Sun fez uma mudança estratégica significativa ao repartir o direito de exploração e produção subsidiária de petróleo e de gás nos Estados Unidos com seus acionistas. Nos anos que se seguiram houve uma redução acentuada dos ganhos. Na verdade, o retorno médio do capital da empresa durante boa parte da década de 90 manteve-se abaixo do que poderia ter sido obtido com as obrigações do Tesouro dos Estados Unidos, que virtualmente não ofereciam risco.

Era preciso uma grande reavaliação. Os tempos em transformação exigiam que a empresa fizesse um exame minucioso dentro e fora dela. Isso abrangia sua estrutura financeira, as necessidades dos consumidores, o tamanho e a produtividade ideal da sua força de trabalho sindicalizada ou não e uma avaliação da força e das características dos concorrentes. Em meados de 1995, depois de meses de análise, foram feitos ajustes significativos. Cerca de oitocentos empregados assalariados, perto de trinta por cento da sua força de trabalho, foram demitidos. Entre eles incluíam-se contadores, funcionários do setor de relações públicas, técnicos de computação, funcionários dos setores de pagamento e administrativo. Alguns dos cargos foram eliminados e outros foram terceirizados. Além disso, a empresa reduziu seu débito e a distribuição de dividendos.[40]

Num acordo psicologicamente difícil e sem precedentes, a Philadelphia Area Building Trades Union, que apóia o contrato de trabalho da Sun, concordou num acordo de três anos que reduzia o pagamento de seus membros em dez por cento e criava condições de trabalho mais flexíveis. Em compensação, a Sun se comprometeu a contratar apenas empreiteiros cujos empregados fossem sindicalizados. Essa "retribuição" in-

172 ◆ *Capitalismo Consciente*

comum por parte do sindicato foi viabilizada depois que ele obteve informações confiáveis de que o salário de seus membros era 35 por cento mais alto do que os pagos pelos concorrentes. Patrick Gillespie, o gerente da empresa no conselho que representa os sindicatos, disse: "Os sindicatos concordaram em fazer concessões graças a um espírito de cooperação que visa fazer com que a Sun se torne mais competitiva no ambiente atual." Ele prosseguiu dizendo que desde 1982, quando a Sun contratou um empreiteiro cujos empregados não eram sindicalizados numa de suas refinarias, houve muita animosidade entre as duas partes. Depois de vários anos e de muita introspecção, os dois antigos adversários estudaram as necessidades um do outro e chegaram a um acordo que podia atender as exigências de ambos os lados.[41]

Um dos segredos do autoconhecimento, quer seja no nível individual ou da organização, é estudar as próprias necessidades e desejos de forma imparcial e objetiva e depois priorizá-los. Com a maior parte das receitas vindo do refino e da comercialização, a satisfação do consumidor final tem de ser uma das prioridades máximas da lista. Para indicar a importância desse ponto, em 1994 a Sun introduziu a iniciativa: "O consumidor em primeiro lugar." Os componentes mais importantes desses esforços são: o Índice de Satisfação do Consumidor para avaliar como os consumidores se sentem comprando na Sunoco; um modelo de Mapeamento dos Processos da Empresa para garantir que todas as decisões ligadas à marca Sunoco sejam tomadas tendo em vista o consumidor; e um sistema de ligações gratuitas ao centro de atendimento ao consumidor.[42] Em 1995, a empresa criou o programa Costumer BEST, Building Exceptional Service Together (algo como Desenvolvendo Juntos um Atendimento Excepcional ao Consumidor), em conjunto com os postos de gasolina que vendiam seus produtos. A Sun reconhece que oferecer um bom serviço é essencial para ir ao encontro das suas metas estratégicas a longo prazo e eles certamente parecem estar dando a seus clientes um alto nível de atenção. Os segmentos dos negócios da Sun que têm uma relação menor com os resultados financeiros tradicionalmente têm recebido menos tempo e recursos. Quais são as conseqüências?

Semeando e Colhendo

As operações da Sun, sobretudo a mineração de carvão, a exploração de petróleo, o refino e a comercialização, expõem a empresa a graves problemas de saúde, ambientais e de segurança. É justo dizer que até bem recentemente o controle da poluição e o impacto causado no meio ambiente não eram prioridades das grandes empresas de energia integrada. No caso da Sun, só por volta de 1960, 74 anos após a fundação da empresa, é que políticas formais com relação à saúde, meio ambiente e segurança foram estabelecidas formalmente. Portanto, a empresa teve de recuperar o atraso das últimas décadas para reverter inúmeros problemas graves. A primeira política da Sun com relação ao meio ambiente foi estabelecida em 1982. Em 1990 duas políticas adicionais foram adotadas. São elas: A *Segurança, a Saúde e o Meio Ambiente* "Em que Acreditamos" na Sun e a *Política de Saúde, Meio Ambiente e Segurança* da Sun. Foi em 1993, entretanto, que suas políticas passaram de predominantemente defensivas para claramente proativas. Em fevereiro de 1993, a Sun se tornou a primeira empresa na lista da *Fortune 500* a endossar os Princípios CERES. É preciso uma verdadeira liderança e visão para colocar a empresa numa posição onde ela possa ser facilmente julgada. Nas palavras de Robert Campbell:

> ...em fevereiro de 1993, embarcamos num longa jornada para mudar nossa conduta nas questões de proteção ambiental, saúde e segurança no local de trabalho. Não que essas prioridades não fossem importantes no passado. Apenas o mundo no qual atuamos está mudando e precisamos mudar nossa conduta para ir ao encontro das crescentes expectativas externas... As pessoas da Sun tiveram acesso a outras partes interessadas e seus pontos de vista. Esse acesso não apenas nos fez aumentar a capacidade de operação do sistema tecnológico mas também nos deu oportunidades de influenciar outros.[43]

Ao se comprometer a melhorar seu desempenho ambiental e prestar contas publicamente, a Sun expôs sua imagem pública a um risco significativo. Em 1994, havia mais de 240 funcionários cuidando do Setor de Saúde, Segurança e Meio Ambiente, 75 deles envolvidos em áreas ambientais específicas como gerenciamento e redução de resíduos industriais, controle de poluição e da qualidade do ar, recuperação de áreas afetadas e a autorização de uso ou exploração de recursos naturais. Embora esse setor fosse um alvo convidativo para o corte de funcionários que a empresa realizou em 1995, na realidade ele sofreu uma redução ligeiramente menor do que muitas outras áreas da organização.

A prestação de contas é uma parte essencial para a melhoria do desempenho do setor da Saúde, Segurança e Meio Ambiente. Para ajudar a garantir que suas metas sejam cumpridas, os chefes das unidades da

174 ◆ *Capitalismo Consciente*

Sun têm de redigir relatórios trimestrais e analisar os incidentes sérios com os executivos da comissão de saúde, segurança e meio ambiente. Além disso, os gerentes seniores se reúnem regularmente com seus vice-presidentes seniores para discutirem as questões mais importantes daquele setor. O desempenho desses tópicos se tornou uma parte importante das análises de salário, bem como das recomendações de gratificações e promoções. Para ajudar a garantir uma melhoria contínua, a Sun desenvolveu extensos padrões de desempenho que lhe permitirão delinear futuros indicadores de qualidade para todos os seus negócios. Os objetivos estabelecidos vão desde o cumprimento das metas anuais até o estabelecimento de medidas específicas de desempenho. Estabelecendo padrões definidos, a Sun formalizou seu compromisso não apenas com a CERES, mas também com a Chemical Manufacturers Association's Responsible Care, com a National Petroleum Refiner's Association's BEST e com os programas do American Petroleum Institute's STEP.[44]

A Análise das Questões de Saúde, Segurança e Meio Ambiente da Sun consta do relatório anual da CERES. Ele tem aproximadamente quarenta páginas e discute os seguintes tópicos relevantes:

◆ Políticas ambientais, organização e administração.
◆ Política de materiais.
◆ Emissões no meio ambiente.
◆ Gerenciamento do lixo industrial.
◆ Uso de energia.
◆ Saúde e segurança no local de trabalho.
◆ Medidas de emergência e divulgação pública.
◆ Responsabilidade sobre o impacto ambiental.
◆ Relacionamento com os fornecedores.
◆ Auditorias de saúde, segurança e meio ambiente.
◆ Cumprimento da legislação.

Para medir seu desempenho, a Sun compara os objetivos almejados com os resultados reais obtidos em áreas vitais como vazamento de petróleo, emissão excessiva de poluentes, escoamento das águas residuais, Gerenciamento da Segurança e da Saúde no Trabalho, índice de registro de incidentes, conservação da energia, prevenção de acidentes e perdas causadas por incêndio. As realizações e os desafios são observados imediatamente. Por exemplo, a Sun reduziu suas emissões tóxicas durante oito anos consecutivos. Juntamente com o Departamento de Recursos Ambientais da Pensilvânia, ela iniciou um estudo para identificar maneiras de fazer com que as exigências ambientais fossem cumpridas de forma mais eficaz em termos de custos. Foi criado um programa de reciclagem e reutilização dos cartuchos de *toner* de impressoras a *laser*. O dinheiro proveniente dos cartuchos reciclados é doado à Earthright, uma organização sem fins lucrativos que promove um gerenciamento de conservação e de resíduos não-poluentes.

A despeito das inúmeras conquistas realizadas até agora, ainda há muito trabalho a ser feito. Numa entrevista, J. Robert Banks, vice-presidente encarregado da Comissão de Saúde, Meio Ambiente e Segurança, chamou a atenção para algumas áreas onde a empresa enfrenta desafios. Entre as áreas que precisam de mais esforços estão as atividades da empresa relacionadas com a comunidade, seu desejo de fazer com que empregados de todos os níveis se comprometam com a melhoria do desempenho da Saúde, Meio Ambiente e Segurança, a quantificação dos benefícios financeiros provenientes dessas práticas, o estabelecimento de uma análise formal do ciclo de vida de todos os seus produtos, de modo que todos os custos sejam contabilizados desde a sua concepção até a sua disposição final.[45]

Segundo Bob Banks, a adoção dos Princípios CERES resultou em vários benefícios palpáveis para a Sun. A empresa teve acesso a novos pontos de vista que os ajudaram a estabelecer seus padrões de desempenho e levou a uma maior compreensão das preocupações e dos objetivos da comunidade. Quando um grupo ambientalista local ameaçou abrir um processo por causa de um incidente em uma de suas instalações, a empresa se reuniu com o grupo e conseguiu contornar a situação, convencendo-o de que a Sun estava empenhada em evitar esses problemas no futuro. Como eles foram a primeira empresa da lista da *Fortune 500* a endossar os Princípios CERES, a Sun assumiu a liderança neste campo e agora se encontra em posição de influenciar o relacionamento entre os ambientalistas e as empresas. Investidores socialmente responsáveis, quer sejam individuais ou institucionais, tendem a incluir agora a Sun em sua lista de investimentos aceitáveis, contanto que o desempenho financeiro da empresa cumpra suas metas.

A CERES tem um interesse genuíno em ver o êxito da Sun e a Sun gostaria de ver a CERES endossada por um número cada vez maior de empresas. Essa é uma parceria onde as duas partes lucram. Embora deva haver altos e baixos nesse relacionamento, assim como em todos os ou-

176 ◆ *Capitalismo Consciente*

FIGURA 9-1 Os Princípios CERES

Com a adoção desses Princípios, afirmamos publicamente a nossa crença de que as empresas são responsáveis pelo meio ambiente e devem conduzir todos os aspectos dos seus negócios como seus guardiões responsáveis, operando de maneira a proteger a Terra. Acreditamos que as empresas não podem comprometer a capacidade de as gerações futuras se sustentarem. Atualizaremos nossas práticas constantemente em face dos avanços tecnológicos e das novas descobertas nas áreas de saúde e de ciência ambiental. Em colaboração com a CERES, promoveremos um processo dinâmico para assegurar que os Princípios sejam interpretados de maneira a acomodar as novas tecnologias e realidades ambientais. Tencionamos fazer progressos constantes e mensuráveis na implementação desses Princípios e aplicá-los em todos os aspectos de nossas operações em todo o mundo.

Proteção da Biosfera

Reduziremos cada vez mais a liberação de qualquer substância que possa causar prejuízos ambientais ao ar, à água, à terra ou a seus habitantes. Iremos salvaguardar todos os *habitats* afetados pelas nossas operações e proteger os espaços abertos e as matas, enquanto preservamos a biodiversidade.

Uso Sustentável dos Recursos Naturais

Faremos um uso sustentável dos recursos naturais renováveis, como a água, o solo e as florestas. Conservaremos os recursos naturais não renováveis mediante o uso eficaz e um planejamento cuidadoso.

Redução e Remoção do Lixo Industrial

Reduziremos e, sempre que possível, eliminaremos o lixo por meio de fontes de redução e reciclagem. Todo lixo será manejado e removido com o uso de métodos seguros e responsáveis.

Conservação da Energia

Conservaremos a energia e tornaremos seu uso mais eficaz em nossas operações internas e nos bens e serviços que vendemos. Faremos todos os esforços necessários para usar fontes de energia ambientalmente seguras e sustentáveis.

Redução de Risco

Lutaremos para reduzir os riscos ao meio ambiente, à saúde e à segurança dos nossos empregados e das comunidades nas quais operamos, fazendo uso de tecnologias seguras, procedimentos de instalações e operações e nos preparando para emergências.

Produtos e Serviços Seguros

Reduziremos e, sempre que possível, eliminaremos o uso, fabricação ou venda de produtos e serviços que causem prejuízo ao meio ambiente ou riscos à saúde e à segurança. Informaremos nossos clientes dos impactos ambientais dos nossos produtos ou serviços e tentaremos corrigir o uso perigoso.

Recuperação Ambiental

Corrigiremos rapidamente, e de forma responsável, condições que tenhamos causado que coloquem em risco a saúde, a segurança ou o meio ambiente. Na medida do possível, repararemos os danos causados às pessoas ou os prejuízos causados ao meio ambiente.

Informação ao Público

Informaremos oportunamente a todos os que possam ser afetados pelas condições causadas por nossa empresa que poderiam colocar em perigo a saúde, a segurança ou o meio ambiente. Procuraremos regularmente o conselho das pessoas que vivem nas comunidades perto de nossas instalações. Não tomaremos nenhuma medida contra os empregados que relatarem à administração ou às autoridades competentes incidentes perigosos.

Compromisso com a Administração

Implementaremos esses Princípios e apoiaremos um processo que assegure que o Conselho de Administração e o Diretor Executivo sejam informados das questões ambientais pertinentes e sejam totalmente responsáveis pela política ambiental. Ao eleger nosso Conselho de Administração, levaremos em consideração o compromisso demonstrado com o meio ambiente como um dos critérios.

Auditorias e Relatórios

Realizaremos uma auto-avaliação anual do nosso progresso na implementação desses Princípios. Apoiaremos a criação oportuna de métodos de auditoria ambiental comumente adotados. Faremos todos os anos um relatório CERES, que será colocado à disposição do público.

Exoneração de Responsabilidade

Esses Princípios estabelecem uma ética com critérios que permitem que os investidores e outras pessoas possam ter acesso ao desempenho ambiental da empresa. As empresas que endossam esses Princípios se comprometem, de livre e espontânea vontade, a ir além das exigências da lei. O propósito dos termos "possa" e "poderia" nos princípios um e oito não é abranger todas as conseqüências imagináveis, não importa o quanto elas sejam remotas. Ao contrário, esses Princípios obrigam os endossantes a se comportarem como pessoas prudentes que não se guiam por interesses conflitantes e têm um grande compromisso com a excelência ambiental e com a saúde e segurança do ser humano. O objetivo desses Princípios não é criar novas responsabilidades civis, expandir os direitos ou obrigações existentes, renunciar a defesas legais ou afetar a posição legal de nenhuma empresa endossante, tampouco ser usado contra o endossante num procedimento legal de qualquer natureza.

Os Princípios CERES (Boston). Utilizado com permissão.

178 ♦ *Capitalismo Consciente*

tros, a Sun demonstrou seu desejo de alcançar um aprimoramento contínuo e se comprometeu a prestar contas publicamente por meio de relatórios sobre o seu desempenho — tanto os bons quanto os ruins — numa auditoria anual. Com essa iniciativa, ela está dando um exemplo que merece ser imitado. A não ser que as empresas em todo o mundo tornem as questões ambientais uma prioridade absoluta, nosso dia do julgamento final ficará desalentadoramente mais próximo. Esse comprometimento não precisa ser encarado como uma tarefa onerosa ou debilitante. Segundo Campbell: "Nunca tivemos um momento de arrependimento por causa disto [a adoção dos Princípios CERES]. Em cada correspondência, chamada telefônica ou contato pessoal que tenho com acionistas, ouço elogios à decisão que tomamos de ir em frente com o acordo." Alem disso, a adesão da Sun aos Princípios CERES evocou um sentimento de orgulho dos empregados da empresa "e uma determinação renovada de aprimorar o nosso desempenho".[46]

A TERRA, O SOL E HERMES

A Walnut Acres e a Sun Company têm mais coisas em comum do que pode parecer à primeira vista. Os fundadores das duas empresas estavam na vanguarda da criação de novas indústrias. Os visionários Paul Keene e Joseph Pew demonstraram coragem, dedicação e perseverança consideráveis para fazer com que seus sonhos se transformassem em realidade. Além do mais, ambas as empresas estão em ramos de negócios estreitamente ligados com os recursos naturais da Terra. De relevância mais imediata, a história dessas duas empresas está repleta de exemplos excepcionais dos sete Princípios Herméticos em ação.

Tanto a Walnut Acres quanto a Sun foram fundadas por pessoas com uma série de valores arraigados. Tanto o respeito inabalável pela inviolabilidade da terra quanto a adesão a rígidos padrões morais e éticos são conceitos essencialmente cerebrais que exemplificam o Princípio de Mentalismo. Todos os atos de criação estão baseados em ideais arquetípicos de caráter fundamentalmente mental.

O Princípio de Vibração nos diz que tudo vibra, que tudo se movimenta, que nada está em repouso. Essa condição universal de mudança incessante está evidente na história de ambas as empresas. No caso da Sun, os destinos em transformação da indústria de petróleo é um exemplo que salta aos olhos. Com um início modesto, não demorou muitos anos para que empresa alcançasse um alto nível de lucratividade. Agora, sua situação completou o ciclo. As perdas ou baixos níveis de rentabilidade ao longo da maior parte da década de 90 finalmente deram lugar a um período muito lucrativo em 1997. A Walnut Acres, que tinha uma posição de quase monopólio na região central da costa leste dos Estados Unidos por muitos anos, agora enfrenta uma competição acirrada. A demanda por alimentos cultivados de forma orgânica se multiplicou, atraindo novos concorrentes para esse segmento. Isso é bom e ruim ao mesmo tempo, pois significa que a empresa agora tem de começar o processo dispendioso de desenvolver novos canais de distribuição para manter os velhos clientes e alcançar uma base potencialmente maior de novos consumidores. Quando aceitamos a mudança como parte inevitável e natural da vida, começamos a "nadar com a maré" em vez de tentar fazer o impossível e manter o *status quo*. Adotando uma postura mais flexível, ficamos mais receptivos às riquezas que o universo distribui de forma tão magnânima.

Para sermos verdadeiramente bem-sucedidos devemos ser introspectivos, "conhecer a nós mesmos". Como tudo no universo é mental e se origina do pensamento, a acuidade mental alcançada pela busca do autoconhecimento aumenta nossa capacidade de compreender e nos relacionar com todas as partes do universo. Como Paul Keene sabia que a força da vida no solo era a mesma energia encontrada na própria humanidade, ele tratava a terra com o mesmo respeito que dedicava a todas as outras coisas vivas. A compreensão do Princípio da Correspondência rendeu belos dividendos à sua empresa. A Sun, submetendo-se a um período de autocrítica, ficou cada vez mais consciente e afinada com as necessidades dos investidores, empregados e fornecedores, bem como da comunidade e do meio ambiente. "Quem conhece um conhece todos." Esse é um importante ensinamento da filosofia arcana.

Os Princípios do Ritmo e da Polaridade estão estreitamente ligados. A Walnut Acres teve de aprender a ficar bastante atenta e se adaptar ao ritmo das estações e aos caprichos diários do tempo. A Sun também é afetada de várias maneiras por esses dois princípios. Um exemplo óbvio é o relacionamento da empresa com seus sindicatos. Tem havido claras flutuações nesse relacionamento, pois as partes oscilam entre confrontos e cooperação.

Os Princípios de Causa e Efeito ficam perfeitamente evidentes quando analisamos as políticas ambientais das duas empresas. A Walnut Acres sempre seguiu a filosofia de retribuir à terra mais do que é dela retirado.

180 ♦ *Capitalismo Consciente*

Apesar de não estar imune às intempéries, ela sempre colheu as recompensas da generosidade da terra. Em contrapartida, a Sun nem sempre colocou a questão do meio ambiente em sua lista de prioridades e agora pode ser forçada a destinar uma parte maior de seus recursos a projetos ambientais, o que não teria sido necessário em outras circunstâncias. "...Cada um colherá aquilo que tiver semeado."[47]

O Princípio do Sexo afirma que tudo o que existe possui características masculinas e femininas. O primeiro elemento inclui atributos ativos, projetivos, analíticos e separatistas, ao passo que o último abrange as qualidades passivas, receptivas, de síntese e unificação. Ambas as empresas, apesar de um tanto paternalistas no início, demonstraram um equilíbrio razoável entre os dois princípios. O histórico da Sun, de se preocupar e compartilhar com seus empregados, ajudou a criar uma atmosfera familiar. O respeito da Walnut Acres por Gaia foi retribuído com colheitas abundantes, com a lealdade dos empregados e a confiança dos consumidores. Com o aumento da competitividade enfrentado pelas duas empresas, talvez a Walnut Acres tenha de intensificar o elemento dinâmico masculino à medida que tenta expandir seus negócios. Por outro lado, a Sun deve permanecer atenta para que suas exigências de reestruturação não ofusquem a necessidade universal dos atributos femininos de solidariedade e compreensão.

As empresas, com sua influência global e capacidade de se adaptarem rapidamente a mudanças contínuas, transformaram-se num dos veículos mais eficazes de aceleração dos nossos processos de percepção autoconsciente. Num esforço de conservar um quadro de funcionários altamente treinados e mostrar aos consumidores que são pessoas jurídicas responsáveis, as empresas estão cada vez mais receptivas aos desejos em transformação de todos aqueles que participam dos seus negócios. Como a nova tecnologia aproxima os países de todo o mundo, a interconexão de todas as coisas é inevitável. Os benefícios de um pensamento holístico estão ganhando reconhecimento à medida que a aparência superficial de separação é substituída pela percepção de que cada um de nós está inextricavelmente ligado a todas as coisas da vida. O bem-estar de todos depende da saúde e da vitalidade de todas as outras partes. Uma das intenções deste livro foi mostrar o modo como os empregados — a alma de todas as empresas — estão se encaminhando para um alinhamento com as leis e princípios universais. A massa crítica necessária para reverter o pensamento separatista da humanidade e transformar as condutas para que elas fiquem em total conformidade com a unidade

A *História de Duas Empresas* ◆ **181**

subjacente está mais próxima do que pensávamos. Quando isso estiver estabelecido, teremos uma sociedade mais esclarecida e compassiva. O mundo dos negócios está desempenhando um papel vital na transição da humanidade para níveis de conscientização mais elevados.

Quando terminou seu trabalho de plantar as sementes, Hermes deixou este bilhete sobre a mesa da diretoria para nos lembrar dos seus sete princípios:

A VIDA É PENSAMENTO .... CONTEMPLE-A

A VIDA É VARIEDADE.................. CELEBRE-A

A VIDA É SINCRÔNICA................ LOUVE-A

A VIDA É CRIATIVA .... DESENVOLVA-A

A VIDA É DUALÍSTICA .... EQUILIBRE-A

A VIDA FLUI .... ADAPTE-SE A ELA

A VIDA CRIA .... RENOVE-A

Esses princípios são o segredo da **VERDADEIRA PROSPERIDADE.**

Notas

1. Joan Bavaria. "CERES at Five: Just Beginning!" *CERES ON PRINCIPLE*, 3 (verão de 1994): p. 1.
2. Kerry Hannon. "Pure and Unadulterated", U.S *News & World Report*, 15 de maio de 1995, p. 86.
3. Walnut Acres Organic Farms, *Holiday Celebration 1995*, Penns Creek, PA, p. 2.
4. Paul Keene. "The Grandfather of Organic Gardening", entrevista a Joanne Leigh Brand, *Lightworks*, agosto de 1993, p. 25.
5. Beverly Groff. "Farmer's Essays Sown Together", resenha em *Fear Not to Sow*, de Paul Keene, org., Dorothy Seymour, *Reading* (PA) *Eagle*, 19 de fevereiro de 1989, p. 14(E).
6. Keene. "The Grandfather of Organic Gardening", p. 25.
7. Groff, p. 14(E).
8. Carole Sugarman. "Keeping the Faith at Walnut Acres", *Washington Post*, 7 de agosto de 1991, p. 4(E).
9. Keene. "The Grandfather of Organic Gardening", p. 26.
10. Steve Kennedy. "Real Farm", *Apprise*, maio de 1995, p. 41.
11. Joanna Poncavage. "The Farm That Gandhi Grew", *Organic Gardening*, fevereiro de 1991, p. 58.
12. Groff, p. 14(E).
13. Hannon, p. 91.
14. "Organic Expert Shares Advice", *Harrisburg Patriot*, 10 de agosto de 1995, p. 7(C).

182 ♦ *Capitalismo Consciente*

15. Don Hopey. "Singing Harmony with Nature", *Pittsburgh Post-Gazette*, 23 de agosto de 1993, p. 10(A).
16. Virginia Simon. "A Commitment to the Earth", *Target Marketing*, janeiro de 1993, p. 25.
17. Joe Butkiewicz. "The Good Earth", *Wilkes-Barre (PA) Times-Leader*, 23 de junho de 1991, p. 1(G).
18. Robert Anderson, Presidente, Walnut Acres, entrevista ao autor, 18 de outubro de 1995, Penns Creek, Pensilvânia, gravado em *tape*.
19. Gail Strock. "Walnut Acres a Major Player in Organic Foods Industry", *Pennsylvania Business Central*, 26 de maio-8 de junho de 1995, p. 16.
20. Ibid.
21. Ibid.
22. Ibid.
23. Kennedy, p. 41.
24. Leah Ingram. "Down on the Farm", *Entrepreneur*, abril de 1994, p. 168.
25. Robert Anderson, entrevista ao autor.
26. Ibid.
27. Sun Company, Inc. *1996 Annual Report* (Filadélfia), pp. 3-4.
28. *Centennial Celebration: The Story of Sun Company* (Filadélfia: Sun Company, Inc.), pp. 10-11.
29. Ibid, p. 13.
30. Ibid, p. 8.
31. Ibid, p. 20.
32. Ibid, p. 84.
33. Ibid, p. 77.
34. Ibid, pp. 88-89.
35. Ibid, p. 25.
36. Ibid, p. 83.
37. Ibid, p. 75.
38. Ibid, p. 84.
39. Ibid, p. 78.
40. Andrew Maykuth. "Sun Will Cut its Staff and its Dividend", *Philadelphia Inquirer*, 14 de junho de 1995, p. 1(C).
41. Andrew Maykuth, "Unions Agree to Take Cut in Pay at Sun", *Philadelphia Inquirer*, 26 de outubro de 1995, p. 1(C).
42. Sun, *1994 Annual Report*, p. 9.
43. Sun Company, Inc. *Health, Environment and Safety: 1993 Progress Report*, p. 1.
44. Sun Company, Inc. *Health, Environment and Safety Review and CERES Report: 1994*, p. 5.
45. J. Robert Banks, Vice-presidente, HES, Sun Company, Inc., entrevista ao autor, 12 de abril de 1996, Filadélfia, Pensilvânia.
46. Whitman Bassow, Ph.D., "CERES Principles are Worth Exploring", *Environmental Protection*, junho de 1994, p. 10.
47. Gálatas 6:7.

Bibliografia

Achstatter, Gerald A. "Prescription for Success: Change Fast — and Often." *Investor's Business Daily*, 2 de maio de 1996.

"Apocalypse — But Not Just Now", *Financial Times*, 4 de janeiro de 1993.

Ashbery, John. "A Last Word from a Poet", *Forbes*, 14 de setembro de 1992.

Augros, Robert e George Stanciu. "The New Biology", *Noetic Sciences Review*, inverno de 1989.

Baird, Kristen. "Modern Family Concerns Show up in Company Policies", *Small Business News (Filadélfia)*, dezembro de 1994.

Baskin, Ken. "Is Your Business Alive?" *Business Philadelphia*, novembro de 1994.

Bassow, Whitman. "CERES Principles are Worth Exploring", *Environmental Protection*, junho de 1994.

Bavaria, Joan. "CERES at Five: Just Beginning!" *CERES ON PRINCIPLE* 3 (verão de 1994).

Bennett, Michael E. "The Saturn Corporation: New Management-Union Partnership at the Factory of the Future." *Looking Ahead*, XIII, 4 (abril de 1992). Reproduzido pela Saturn Corporation, Spring Hill, TN.

Bezi, Robert e George H., Gallup, Jr. "Seeking Spiritual Renewal", *Philadelphia Inquirer*, 25 de dezembro de 1994.

Blanchard, Kenneth H. "Ethics in American Business." In *New Traditions in Business: Spirit and Leadership in the 21st Century*, org. John Renesch. San Francisco: Berrett-Koehler Publishers, 1992. [*Novas Tradições nos Negócios*, publicado pela Editora Cultrix, São Paulo, 1996.]

Bleakley, Fred R. "Strange Bedfellows", *Wall Street Journal*, 13 de janeiro de 1995.

Bohm, David. *Wholeness and the Implicate Order*. Londres: Routledge Kegan Paul Ltd., 1980. [*A Totalidade e a Ordem Implicada*, publicado pela Editora Cultrix, São Paulo, 1992.]

Bohm, D. e B. Hiley. "On the Intuitive Understanding of Nonlocality as Implied by Quantum Theory", *Foundations of Physics* 5 (1975).

184 ♦ *Capitalismo Consciente*

Brennan, Barbara. *Light Emerging*. Nova York: Bantam Books, 1993. [*Luz emergente*, publicado pela Editora Cultrix, São Paulo, 1995.]

Breton, Denise e Christopher Largent. *The Soul of Economies: Spiritual Evolution Goes to the Marketplace*. Wilmington, DE: Idea House Publishing Co., 1991.

Bronowski, Jacob. "Black Magic and White Magic." In *The World Treasury of Physics, Astronomy and Mathematics*. Organizado por Timothy Ferris. Com o prefácio de Clifton Fadiman, org. geral. Boston: Little, Brown & Co., 1991.

Brown, Rosemary, org. *Co-op America's National Green Pages*. Washington: Co-op America, 1996.

Buber, Martin, org. *Tales of the Hasidim*. Ed. rev. em 1 vol. Nova York: Shocken Books, 1975.

Bunker, Dusty. *Quintiles and Trediciles: The Geometry of the Goddess*. West Chester, PA: Withford Press, uma divisão de Schiffer Publishing Ltd., 1989.

Business for Social Responsibility Fact Sheet. San Francisco: Business for Social Responsibility, março de 1995.

Butkiewicz, Joe "The Good Earth." *Wilkes-Barre (PA) Times-Leader*, 23 de junho de 1991.

Byrom, T. *The Dhammapada: The Sayings of the Buddha*. Citado em Roger Walsh e Frances Vaughan, orgs., *Beyond Ego: Transpersonal Dimensions in Psychology*. Los Angeles: Jeremy P. Tarcher, 1980. [*Além do Ego: Dimensões Transpessoais em Psicologia*, publicado pela Editora Pensamento, São Paulo, 1991.]

Campbell, Joseph, org. *The Portable Jung*. Nova York: Penguin Books, 1976.

"'Can One Sell the Sky?' Indian Asks", *Salt Lake Tribune*, 6 de junho de 1976.

Capra, Fritjof. *The Tao of Physics*. Nova York: Bantam Books, 1975. [*O Tao da Física*, publicado pela Editora Cultrix, São Paulo, 1980.]

Case, Paul Foster. *The Book of Tokens*. Los Angeles: Builders of the Adytum, 1989.

_____. *The Tarot, A Key to the Wisdom of the Ages*. Richmond: Macoy Publishing Co., 1947.

_____. *The True and Invisible Rosicrucian Order*. York Beach, ME: Samuel Weiser, Inc., 1975.

"CEO Sees Business as the Engine for Social Transformation." *The New Leaders*, janeiro-fevereiro de 1995.

Claire, Thomas. *Bodywork: What Type of Massage to Get — and How to Make the Most of It*. Nova York: William Morrow & Co., 1995.

Cleaver, Joanne. "The Spirit of Success." *Home Office Computing*, maio de 1996.

Cohen, J.M and J-F. Phipps, org. *The Common Experience*. Los Angeles: Jeremy P. Tarcher, 1979.

Cole, K. C. *Sympathetic Vibrations: Reflections on Physics as a Way of Life*. Com prefácio de Frank Oppenheimer. Nova York: Bantam Books, 1985.

Compass: The Newsletter of The Natural Step 2 (outono de 1996).

Davies, Paul. *God and the New Physics*. Nova York: Simon & Schuster, 1983.

Dobrzynski, Judith H. "An Inside Look at CalPERS Boardroom Report Card", *Business Week*, 17 de outubro de 1994.

Dossey, Larry, M.D. *Healing Words: The Power of Prayer and the Practice of Medicine*. San Francisco: HarperSanFrancisco, 1993. [*As Palavras Curam*, publicado pela Editora Cultrix, São Paulo, 1996.]

Ehrlich, Paul. *The Population Bomb*. Nova York: Ballantine Books, 1968.

Eisenstein, Paul A. "GM Saturn's Hudler: On Treating People Right from Shop Floor to Showroom", *Investor's Business Daily*, 20 de dezembro de 1996.

Emery, Marcia. "Intuition: The Spark that Ignites Vision", *The New Leaders*, janeiro/fevereiro de 1995.

Faivre, Antoine. *The Eternal Hermes: From Greek God to Alchemical Magus*. Traduzido por Joscelyn Godwin. Grand Rapids, MI: Phanes Press, 1995.

Fenske, Elizabeth W., org. *Spiritual Insights for Daily Living*. Independence, MO: Independence Press for Spiritual Frontiers Fellowship, 1986.

Fierman, Jaclyn. "Winning Ideas from Maverick Managers", *Fortune*, 6 de fevereiro de 1995.

Filipczak, Bob. "25 Years of Diversity at UPS", *Training Magazine*, agosto de 1992.

"French Executive Scouts for New Business Ideas", *The New Leaders*, novembro/dezembro de 1995.

Frenier, Carol R. *Business and The Feminine Principle: The Untapped Resource*. Boston: Butterworth-Heinemann, 1997.

Fried, John J. "Firms Take into Account Pollution Practices," *Philadelphia Inquirer*, 20 de fevereiro de 1995.

_____. "Saving the Earth, and They Mean Business", *Philadelphia Inquirer*, 18 de dezembro de 1994.

Friedman, Dana E. e Ellen Galinsky. *Work and Family Trends*. Nova York: Families and Work Institute, 1991.

Fuhrman, Peter e Michael Schuman. "Now We Are Our Own Masters", *Forbes*, 23 de maio de 1994.

Galen, Michele e Karen West. "Companies Hit the Road Less Traveled", *Business Week*, 5 de junho de 1995.

Galen, Michele com Ann Therese Palmer. "Diversity: Beyond the Numbers Game", *Business Week*, 24 de agosto de 1995.

Galinsky, Ellen e Peter J. Stein. "The Impact of Human Resource Policies on Employees: Balancing Work/Family Life", *Journal of Family Issues* 11 (dezembro de 1990).

Gaouette, Nicole. "Do-Good Investing Is Doing Good", *Philadelphia Inquirer*, 7 de junho de 1996.

Glassman, James K. " 'Ethical' Stocks Don't Have to Be Downers", *Washington Post*, 23 de abril de 1995.

Goleman, Daniel. "Holographic Memory: Karl Pribram entrevistado por Daniel Goleman", *Psychology Today*, fevereiro de 1979.

"Good Citizens", *Investor's Business Daily*, 17 de maio de 1996.

Gottlieb, Dan. "On Healing", *Philadelphia Inquirer*, 19 de junho de 1995.

Great Religions of the World. Nova York: National Geographic Book Service, 1978.

Greenwald, John. "Magellan's New Direction." *Time*, 3 de junho de 1996.

Groff, Beverly. "Farmer's Essays Sown Together", resenha em *Fear Not to Sow* de Paul Keene, org. Dorothy Seymour. *Reading (PA) Eagle*, 19 de fevereiro de 1989.

Groves, Martha e Stuart Silverstein. "Levi Strauss Tailors a Deal to Suit its Workers." *Philadelphia Inquirer*, 7 de junho de 1996.

Guiley, Rosemary Ellen. *The Encyclopedia of Dreams: Symbols and Interpretations*. Nova York: Berkley Books, 1995.

Hall, Manly P. *The Secret Teachings of All Ages: An Encyclopedic Outline of Masonic, Hermetic, Qabbalistic and Rosicrucian Symbolical Philosophy*. Edição de bodas de ouro. The Philosophical Research Society, Inc., 1977.

Hamilton, J. G. DeRoulhac, org. *The Best Letters of Thomas Jefferson*. Cambridge: Riverside Press, 1926.

Hannon, Kerry. "Pure and Unadulterated", *U.S News & World Report*, 15 de maio de 1995.

186 ◆ *Capitalismo Consciente*

Harman, Willis W. *Global Mind Change: The Promise of the Last Years of the Twentieth Century*. Indianapolis: Knowledge Systems Inc. para o Institute of Noetic Sciences, 1988. [*Uma Total Mudanca de Mentalidade*, publicado pela Editora Cultrix, São Paulo, 1994.]

Harms, Valerie. *The National Audubon Society Almanac of the Environment: The Ecology of Everyday Life*. Nova York: G.P . Putnam's Sons, 1994.

Havel, Vaclav. Speech on the Occasion of the Liberty Medal Ceremony. Filadélfia, 4 de julho de 1994.

Hay, Louise L. *You Can Heal Your Life*. Santa Monica CA: Hay House, 1984.

Honan, William H. "Of Spielberg, Berra and (Many) Other Graduation Greats", *New York Times*, 17 de maio de 1996.

Hopey, Don. "Singing Harmony with Nature", *Pittsburgh Post-Gazette*, 23 de agosto de 1993.

"How Nonprofits Help Companies Mind Their Waste", *BSR Update: A Publication of Business for Social Responsibility*, junho de 1996.

Huxley, Aldous. *The Perennial Philosophy*. Nova York: Harper & Row, 1945. [*A Filosofia Perene*, publicado pela Editora Cultrix, São Paulo, 1991.]

Important Dates in Saturn History. Spring Hill, TN: Saturn Corporation, 1995.

Ingram, Leah. "Down on the Farm." *Entrepreneur*, abril de 1994.

Integrity Agreement: LawForms Uniform Agreement Establishing Procedures for Settling Disputes. G-4a. LawForms 4-80, 3-87.

Jackson, Phil e Hugh Delehanty. *Sacred Hoops: Spiritual Lessons of a Hardwood Warrior*. Com prefácio do Senador Bill Bradley. Nova York: Hyperion, 1995.

"J.D Power Initial Quality Rankings", *USA Today*, 8 de maio de 1996.

Joba, Cynthia, Herman Bryant Maynard Jr. e Michael Ray. "Competition, Cooperation and Co-Creation: Insights From the World Business Academy." In *The New Paradigm in Business: Emerging Strategies for Leadership and Organizational Change*. Organizado por Michael Ray e Alan Rinzler. Nova York: Putman Publishing Group para a World Business Academy, 1993. [*O Novo Paradigma nos Negócios*, publicado pela Editora Cultrix, São Paulo, 1996.]

Johnson, Edward C., II. "Contrary Opinion in Stock Market Techniques." In *Classics: An Investor's Anthology*. Organizado por Charles D. Ellis com James R. Vertin. Homewood IL: Business One Irwin, 1989.

Jones, Del. "Companies Have to Do a Balancing Act", *USA TODAY*, 15 de maio de 1995.

_____. "Companies Won't Derail Diversity", *USA TODAY*, 15 de maio de 1995.

Kantrowitz, Barbara. "Search for the Sacred", *Newsweek*, 28 de novembro de 1994.

Kaplan, Aryeh. *Meditation and Kabbalah*. York Beach, ME: Samuel Weiser, 1982.

Keene, Paul. "The Grandfather of Organic Gardening." Entrevista a Joanne Leigh Brand. *Lightworks*, agosto de 1993.

Kelly, Marjorie. "The President as Poet: An Intimate Conversation with Jim Autry", In *The New Paradigm in Business: Emerging Strategies for Leadership and Organizational Change*. Organizado por Michael Ray e Alan Rinzler. Nova York. Putnam Publishing Group para a World Business Academy, 1993.

Kennedy, Steve. "Real Farm", *Apprise*, maio de 1995.

Keyes, Ken. *Handbook to Higher Consciousness*. Berkeley, CA: Living Love Center, 1973. [*Guia para uma Consciência Superior*, publicado pela Editora Pensamento, São Paulo, 1990.]

Kinder, Peter, Steven D. Lydenberg, e Amy L. Domini. *Investing for Good: Making Money While Being Socially Responsible*. Nova York: HarperCollins, 1993.

Kline, Morris. *Mathematics and the Search for Knowledge*. Nova York: Oxford University Press, 1985.

Kohn, Alfie. "The Case Against Competition", *Noetic Sciences Collection 1980 to 1990*.

Koretz, Gene. "How Many Hours in a Workweek?" *Business Week*, 16 de junho de 1997.

_____. "Yankees: Nose to the Grindstone", *Business Week*, 4 de setembro de 1995.

Koselka, Rita. "Babies Are Welcome", *Forbes*, 24 de abril de 1995.

Kripalani, Krishna. *All Men Are Brothers: Autobiographical Reflections*. Nova York: Continuum, 1994.

Landers, Jim. " 'Gasoline to Hit $4 per Gallon', Specialist Says", *Dallas Morning News*, 2 de maio de 1981.

Leanna, Carrie R. "Why Downsizing Is Bad for Business." *Philadelphia Inquirer*, 5 de janeiro de 1996.

Lee, William H. *Coenzyme Q-10: Is It Our New Fountain of Youth?* A Good Health·Guide. Organizado por Richard A. Passwater e Earl Mindell. New Canaan, CT: Keats Publishing, 1987.

LeFauve, Richard G. "The Saturn Corporation: A Balance of People, Technology and Business Systems." *Looking Ahead*, XIII, 4 (abril de 1992). Reproduzido por Saturn Corporation, Spring Hill, TN.

LeShan, Lawrence. *How to Meditate*. Nova York: Bantam Books, 1974.

Linden, Dana Wechsler e Bruce Upbin. "Boy Scouts on a Rampage." *Forbes*, 1 de janeiro de 1996.

Liungman, Carl G. *Dictionary of Symbols*. Santa Barbara, CA: ABC — CLIO, 1991.

Lynch, Timothy. *Polluting Our Principles: Environmental Prosecutions and the Bill of Rights*. Policy Analysis 223. Washington: The Cato Institute, 1995.

Malkiel, Burton G. "Socially Responsible Investing", In *Classics II: Another Investor's Anthology*. Organizado por Charles D. Ellis com James R. Vertin. Homewood IL. Business One Irwin, 1991.

Malthus, Thomas Robert. *On Population*. Organizado por Gertrude Himmelfarb. The Modern Library. Nova York: Random House, 1960.

Markowitz, Elliot. "Dwyer Claims JWP Down but Not Out", *Computer Reseller News*, 26 de outubro de 1992.

"Marriot Program Helps Low-Wage Workers Cope", *BSR Update: A Publication of Business for Social Responsibility*, agosto-setembro de 1996.

Maykuth, Andrew, "Sun Will Cut Its Staff and Its Dividend", *Philadelphia Inquirer*, 14 de junho de 1995.

_____. "Unions Agree to Take Cut in Pay at Sun", *Philadelphia Inquirer*, 26 de outubro de 1995.

Merline, John. "Corporations at the Trough?" *Investor's Business Daily*, 12 de março de 1996.

Milanovich, Norma e Shirley McCune. *The Light Shall Set You Free*. Albuquerque, NM: Athena Publishing, 1996. [*A Luz o Libertará*, publicado pela Editora Pensamento, São Paulo, 2000.]

Milbank, Dana, Valerie Reitman, Dianne Solis e Paulette Thomas. "Women in Business: A Global Report Card", *Wall Street Journal*, 26 de julho de 1995.

Millman, Dan. *The Warrior Athlete: Body, Mind and Spirit*. Walpole, NH: Stillpoint Publishing, 1979. [*O Atleta Interior*, publicado pela Editora Pensamento, São Paulo, 1996.]

Minard, Lawrence. "The Principle of Maximum Pessimism", *Forbes*, 16 de janeiro de 1995.

Mitchell, Russell e Michael Oneal. "Managing by Values: Is Levi Strauss'Approach Visionary — or Flaky?" *Business Week*, 1 de agosto de 1994.

188 ♦ *Capitalismo Consciente*

Moore, Daphna. *The Rabbi's Tarot: Spiritual Secrets of the Tarot.* St. Paul: Llewellyn Publications, uma divisão da Llewellyn Worlwide, Ltd., 1989.

Moore, Stephen e Dean Stansel. *How Corporate Welfare Won.* Policy Analysis 254. Washington: The Cato Institute, 1996.

Morgan, Marlo. *Mutant Message Downunder.* Lees Summit, MO: MM Co., 1991.

Naisbitt, John. *Global Paradox.* Nova York: Avon Books, 1994.

Needleman, Jacob. *Money and the Meaning of Life.* Nova York: Doubleday, uma divisão da Bantam Doubleday Dell Publishing Group, 1991.

Nomani, Asra Q. "CalPERS Says Its Investment Decisions Will Reflect How Firms Treat Workers", *Wall Street Journal,* 16 de junho de 1994.

Norris, Floyd. "Market Place", *New York Times,* 22 de setembro de 1995.

Novak, Philip. *The World's Wisdom: Sacred Texts of the World's Religions.* San Francisco: HarperCollins, 1994.

The One and the Many. Chicago: A. C. McClurg & Co., 1909.

Oppenheimer, Robert J. *Science and the Common Understanding.* Nova York: Oxford University Press, 1954.

"Organic Expert Shares Advice", *Harrisburg Patriot,* 10 de agosto de 1995.

O'Toole, Jack e Jim Lewandowski. "Forming the Future: The Marriage of People and Technology at Saturn." Apresentado na Stanford University Industrial Engineering and Engineering Management. Palo Alto, CA, 29 de março de 1990. Reproduzido pela Saturn Corporation, Spring Hill, TN.

Pennar, Karen. "Why Investors Stampede", *Business Week,* 13 de fevereiro de 1995.

Pereira, Joseph. "The Healing Power of Prayer Is Tested by Science", *Wall Street Journal,* 20 de dezembro de 1995.

Pierrakos, Eva. *The Pathwork of Self-Transformation.* Compilado e organizado por Judith Saly. Nova York: Bantam Books, 1990. [*O Caminho da Autotransformação,* publicado pela Editora Cultrix, São Paulo, 1993.]

Plato. *The Dialogues,* Vol. IV, Laws X. Traduzido por B. Jowett. 4ª ed. Oxford: Clarendon Press, 1964. [*Diálogos,* publicado pela Editora Cultrix, São Paulo, 1964.]

Poncavage, Joanna. "The Farm That Gandhi Grew", *Organic Gardening,* fevereiro de 1991.

Postrel, Virginia I. "It's All in the Head", *Forbes ASAP,* 26 de fevereiro de 1996.

Prabhavananda, Swami e Christopher Isherwood, trad. *How to Know God: The Yogi Aphorisms of Patanjali.* Nova York: Mentor Books, 1969. [*Como Conhecer Deus,* publicado pela Editora Pensamento, São Paulo, 1988.]

Rama, Swami. *Perennial Psychology of the Bhagavad Gita.* Honesdale, PA: Himalayan International Institute, 1985.

Rapoport, Rhona e Lotte Bailyn. *Relinking Life and Work: Toward a Better Future.* Nova York: The Ford Foundation, 1996.

Rifkin, Jeremy. *The End of Work: The Decline of the Global Labor Force and the Dawn of the Post-Market Era.* Nova York: Jeremy P. Tarcher/Putnam Books, 1995.

Roddick, Anita. "Anita Roddick Speaks Out on Corporate Responsibility", *The Body Shop Lectures II.* West Sussex: The Body Shop International plc, 1994.

Rosen, Robert H. "The Anatomy of a Healthy Company." In *New Traditions in Business: Spirit and Leadership in the 21st Century,* org. John Renesch. San Francisco: Berrett-Koehler Publishers, 1992. [*Novas Tradições nos Negócios,* publicado pela Editora Cultrix, São Paulo, 1996.]

Rouse, Ewart. "Book Chains Escalate War of Supremacy", *Philadelphia Inquirer,* 22 de abril de 1996.

Rubin, Paul H. "The High Cost of Lawsuits", *Investor's Business Daily*, 4 de março de 1996.
Rudnick, David. "Cents & Sensibility", *Business Life: The Magazine for Europe*, fevereiro de 1997.
Russell, Peter. "A Shift in Consciousness: Implications for Business." Entrevistado por Willis Harman. *World Business Academy Perspectives* 9, nº 4 (1995).
Rutledge, John. "The Portrait on My Office Wall", *Forbes*, 30 de dezembro de 1996.
Rybczynski, Witold, *Waiting for the Weekend*. Nova York: Viking Penguin, 1991.
Samuelson, Paul A. *Economics: An Introductory Analysis*, 6ª ed. Nova York: McGraw Hill Book Company, 1964.
Sanford, Carol. "A Self-Organizing Leadership View of Paradigms", In *New Traditions in Business: Spirit and Leadership in the 21st Century*, org. John Renesch. San Francisco: Berrett-Koehler Publishers, 1992. [*Novas Tradições nos Negócios*, publicado pela Editora Cultrix, São Paulo, 1996.]
Sanger, David E. e Steve Lohr. "The Downsizing of America, Is There a Better Way? A Search for Answers", *New York Times*, 9 de março de 1996.
"Saturn, Lexus Customers Found to Be Most Satisfied in Survey", *Investor's Business Daily*, 14 de junho de 1996.
Sawhill, John C. "The Tangled Web We Weave", *Nature Conservancy*, maio/junho de 1992.
Schumacher, E. F. *Small Is Beautiful*. Londres: Blond and Briggs Ltd., 1973.
The Secret Teachings of Jesus: Four Gnostic Gospels. Tradução, com introdução e notas de Marvin W. Meyer. Nova York: Random House, 1984.
"Share the Work", *Investor's Business Daily*, 6 de junho de 1997.
Shellenbarger, Sue. "Work & Family", *Wall Street Journal*, 1 de março de 1995.
Sherman, Stratford. "Secrets of HP's 'Muddled' Team", *Fortune*, 18 de março de 1996.
Simon, Virginia. "A Commitment to the Earth", *Target Marketing*, janeiro de 1993.
Singer, June. *Androgyny: Toward a New Theory of Sexuality*. Garden City, NY: Anchor Press/Doubleday, 1976. [*Androginia: Rumo a uma Nova Teoria da Sexualidade*, publicado pela Editora Cultrix, São Paulo, 1991.]
Smith, Adam. *An Inquiry into the Nature and Causes of the Wealth of Nations*. Organizado com introdução e comentários de Kathryn Sutherland. World Classics. Oxford: Oxford University Press, 1993.
Smith, Huston. *Forgotten Truth: The Common Vision of the World's Religions*. Nova York: HarperCollins, 1992.
Sperry, Paul. "Corporate Bulimia", *Investor's Business Daily*, 9 de abril de 1996.
Strock, Gail. "Walnut Acres a Major Player in Organic Foods Industry", *Pennsylvania Business Central*, 26 de maio-8 de junho de 1995.
Sugarman, Carole. "Keeping the Faith at Walnut Acres", *Washington Post*, 7 de agosto de 1991.
Talbot, Michael. *The Holographic Universe*. Nova York: HarperCollins, 1991.
Targ, Russell e Keith Harary. *The Mind Race: Understanding and Using Psychic Abilities*. Com um prefácio de Willis Harman. Nova York: Villard Books, 1984.
Tart, Charles T. *Waking Up: Overcoming the Obstacles to Human Potential*. New Science Library. Boston: Shambhala Publications, 1986.
Três Iniciados. *The Kybalion*. Chicago: The Yogi Publication Society, 1912. [*O Caibalion*, publicado pela Editora Pensamento, São Paulo, 1978.]
"Time with Kids More Important than Money", *Investor's Business Daily*, 11 de junho de 1996.
Weil, Andrew, M.D. *Spontaneous Healing*. Nova York: Alfred A. Knopf, 1995.

190 ◆ *Capitalismo Consciente*

Wesemann, Carl. "The Primary Energy Source, or, Food for Thought." In *Energy Sources 78/79*. Organizado por Rita Blome. Denver: ENERCOM, 1978.

"When It Comes to Service, General Motors Tops All", *Investor's Business Daily*, 28 de maio de 1997.

White, John. *What Is Enlightenment?* Los Angeles: Jeremy P. Tarcher, 1985. [*Iluminação Interior*, publicado pela Editora Pensamento, São Paulo, 1993.]

Wicks, Judy. "Women Changing Business", *Philadelphia Inquirer*, 6 de março de 1995.

Wilber, Ken. *Up from Eden: A Transpersonal View of Human Evolution*. Boulder, CO: Shambhala Publications, 1983.

Winner, Anna Kennedy. *The Basic Ideas of Occult Wisdom*. Wheaton, IL: The Theosophical Publishing House, 1970.

Wolpert, Stanley, *India*. Berkeley, CA: University of California Press, 1991.

Women: The New Providers. Nova York: Families and Work Institute, 1995.

Woodruff, David. "Women Lead the Pack in East German Startups", *Business Week*, 6 de junho de 1996.

Yearning for Balance. Preparado para o Merck Family Fund por The Harwood Group, julho de 1995.

Yogananda, Paramahansa. *Autobiography of a Yogi*. Los Angeles: Self-Realization Fellowship, 1983.

_____. *The Law of Success*, 7ª ed. Los Angeles: Self-Realization Fellowship, 1983.

_____. *Scientific Healing Affirmations*. Los Angeles: Self-Realization Fellowship, 1981.

Zackary, Pascal G. "Worried Workers", *Wall Street Journal*, 8 de junho de 1995.

Zukav, Gary. "Evolution and Business." In *The New Paradigm in Business: Emerging Strategies for Leadership and Organizational Change*, organizado por Michael Ray e Alan Rinzler. Nova York: Putnam Publishing Group para a World Business Academy, 1993. [*O Novo Paradigma nos Negócios*, publicado pela Editora Cultrix, São Paulo, 1996.]

_____. *The Seat of the Soul*. A Fireside Book. Nova York: Simon & Schuster, 1989. [*A Morada da Alma*, publicado pela Editora Cultrix, São Paulo, 1993.]

O NOVO PARADIGMA NOS NEGÓCIOS

Estratégias Emergentes para Liderança
e Mudança Organizacional

Michael Ray e Alan Rinzler (Orgs.)

Por todo o mundo, homens e mulheres de negócios estão reformulando dramaticamente o modo como pensam sobre a natureza do seu trabalho, sobre a liderança e o sucesso. Estão empenhados em descobrir e aplicar novas práticas e estratégias que transformem os velhos valores e sistemas vigentes.

No novo paradigma, as pessoas e sua criatividade estão no centro do mundo de trabalho. A intuição cada vez mais vem sendo valorizada no planejamento corporativo; hierarquias organizacionais estão sendo viradas de cabeça para baixo; e os valores corporativos e individuais estão entrando em sintonia. Os líderes estão examinando o campo de trabalho multicultural em busca de novas oportunidades, e as empresas estão assumindo uma maior responsabilidade social e ambiental pelas suas ações.

Nesta compilação visionária, autoridades de vários campos repensam os temas-chave dos negócios e oferecem vários modos novos e surpreendentes de analisá-los. Eis alguns exemplos:

- competição *versus* cooperação;
- responsabilidade ética das corporações;
- desafios especiais para mulheres que trabalham;
- a natureza da propriedade da empresa na administração;
- o papel dos negócios como veículo de transformação social.

Este livro está repleto de perfis de empresas exemplares e de seus líderes, cujas visões e estratégias oferecem modos úteis e viáveis de lidar com a crescente complexidade e potencial dos negócios nesta época de grandes desafios.

EDITORA CULTRIX

O TAO DA FÍSICA
Um Paralelo Entre a Física Moderna e o Misticismo Oriental

Fritjof Capra

Este livro analisa as semelhanças — notadas recentemente, mas ainda não discutidas em toda a sua profundidade — entre os conceitos subjacentes à física moderna e as idéias básicas do misticismo oriental. Com base em gráficos e em fotografias, o autor explica de maneira concisa as teorias da física atômica e subatômica, a teoria da relatividade e a astrofísica, de modo a incluir as mais recentes pesquisas, e relata a visão de um mundo que emerge dessas teorias para as tradições místicas do Hinduísmo, do Budismo, do Taoísmo, do Zen e do I Ching.

O autor, que é pesquisador e conferencista experiente, tem o dom notável de explicar os conceitos da física em linguagem acessível aos leigos. Ele transporta o leitor, numa viagem fascinante, ao mundo dos átomos e de seus componentes, obrigando-o quase a se interessar pelo que está lendo. De seu texto, surge o quadro do mundo material não como uma máquina composta de uma infinidade de objetos, mas como um todo harmonioso e "orgânico", cujas partes são determinadas pelas suas correlações. O universo físico moderno, bem como a mística oriental, estão envolvidos numa contínua dança cósmica, formando um sistema de componentes inseparáveis, correlacionados e em constante movimento, do qual o observador é parte integrante. Tal sistema reflete a realidade do mundo da percepção sensorial, que envolve espaços de dimensões mais elevadas e transcende a linguagem corrente e o raciocínio lógico.

Desde que obteve seu doutorado em física, na Universidade de Viena, em 1966, Fritjof Capra vem realizando pesquisas teóricas sobre física de alta energia em várias Universidades, como as de Paris, Califórnia, Santa Cruz, Stanford, e no Imperial College, de Londres. Além de seus escritos sobre pesquisa técnica, escreveu vários artigos sobre as relações da física moderna com o misticismo oriental e realizou inúmeras palestras sobre o assunto, na Inglaterra e nos Estados Unidos. Atualmente, leciona na Universidade da Califórnia, em Berkeley.

A presente edição vem acrescida de um novo capítulo do autor sobre a física subatômica, em reforço às idéias por ele defendidas neste livro.

EDITORA CULTRIX

"Os leitores lerão com muito interesse as claras explanações do Dr. Capra a respeito das idéias básicas que estão por trás das várias formas do misticismo oriental e a respeito dos paradoxos da física moderna que parecem ter sido antecipados pelos paradoxos desse mesmo misticismo. É bem provável que, quando as relações entre ambos forem bem entendidas, terá chegado a hora de consideráveis progressos na compreensão que temos do Universo."

B. D. Josephson, Prêmio Nobel de 1973
Professor de Física na Universidade de Cambridge